DEPOIMENTOS SOBRE O LOBO

Reflexão profunda das empresas e instituições como sistemas vivos que, por meio das relações humanas, suas virtudes e diálogo, potencializam a execução e revisão estratégica obrigatória para a sobrevivência das organizações. Por meio de uma observação atenta e cuidadosa das organizações, principalmente em períodos de mudanças – momento em que a cultura organizacional pode se converter em vantagem – Piccini apresenta reflexões com potencial de aplicação prática!

José Marcelo Amatuzzi de Oliveira
Diretor-Geral do A.C. Camargo Câncer Center

A obra O Lobo convida o leitor a visitar um lugar interno de verdadeira inquietação! Propõe considerar a existência do Lobo e a possibilidade de integrá-lo como algo que foi excluído. Escutar o Lobo e seu discurso de padecimento, sua sombra, abre espaço para irmos além do conhecimento que dominamos e marca que esta parte do sistema tem algo a dizer! De forma ética e sensível, a obra traduz a terapêutica do diálogo como um cuidado junto aos Lobos cansados, adoecidos e excluídos nos espaços organizacionais. "As organizações perdem força, esmorecem, adoecem, e, em minha observação, isso ocorre justamente pela falta de diálogo da parte (empresa) com o todo (ecossistema), ou seja, quando as pessoas de uma organização perdem a capacidade de dialogar, especialmente sobre os 'elefantes brancos' – as verdades que não podem ser questionadas".

Mirella D'Angelo Viviani
Fundadora e Presidente do Instituto Casa do Todos

O livro é sem dúvida a representação daquilo que o autor saber fazer melhor: ser instigante. Ele chegou em um momento oportuno em que estamos tentando nos reinventar, entender o que será desse novo mundo e buscando viver em harmonia com as diferenças e adversidades, mas, além de tudo, tentando reaprender a voltar para a nossa essência.

Henrique Vailati
Diretor de Pessoas e Cultura, Comunicação e Compliance da Roche Diagnostics

A sustentação do espaço de não saber... Isso não é o esperado de uma consultoria organizacional. Contratam-se as mentes brilhantes para que sejam capazes de identificar os Lobos mais sagazes e atrozes do sistema e proponham formas definitivas de expurgá-los. Assim estarão garantidos o sucesso e o futuro da organização. Mas será mesmo essa a fórmula? O livro propõe um outro olhar sobre essa questão, tão surpreendente quanto óbvio quando finalmente enxergado! Espere muitas perguntas a partir da leitura e um novo olhar sobre o que o incomoda.

Tatiana Libbos Vailati
Diretora de RH da Alcon

Marcos Piccini

O LOBO

Um convite para liberar o potencial das organizações a partir da consciência de uma Cultura Integral: o Amor

ALTA BOOKS
EDITORA
Rio de Janeiro, 2021

O Lobo
Copyright © 2021 da Starlin Alta Editora e Consultoria Eireli. ISBN: 978-65-5520-255-7

Todos os direitos estão reservados e protegidos por Lei. Nenhuma parte deste livro, sem autorização prévia por escrito da editor, poderá ser reproduzida ou transmitida. A violação dos Direitos Autorais é crime estabelecido na Lei nº 9.610/98 e com puniçã de acordo com o artigo 184 do Código Penal.

A editora não se responsabiliza pelo conteúdo da obra, formulada exclusivamente pelo(s) autor(es).

Marcas Registradas: Todos os termos mencionados e reconhecidos como Marca Registrada e/ou Comercial são de responsabi dade de seus proprietários. A editora informa não estar associada a nenhum produto e/ou fornecedor apresentado no livro.

Impresso no Brasil — 1ª Edição, 2021 — Edição revisada conforme o Acordo Ortográfico da Língua Portuguesa de 2009.

Produção Editorial Editora Alta Books **Gerência Editorial** Anderson Vieira **Gerência Comercial** Daniele Fonseca	**Produtor Editorial** Illysabelle Trajano Thiê Alves **Assistente Editorial** Rodrigo Dutra	**Equipe de Marketing** Livia Carvalho Gabriela Carvalho marketing@altabooks.com.br **Coordenação de Eventos** Viviane Paiva comercial@altabooks.com.brw	**Editor de Aquisição** José Rugeri j.rugeri@altabooks.com.br
Equipe Editorial Luana Goulart Ian Verçosa Maria de Lourdes Borges Raquel Porto Thales Silva	**Equipe de Design** Larissa Lima Marcelli Ferreira Paulo Gomes	**Equipe Comercial** Daiana Costa Daniel Leal Kaique Luiz Tairone Oliveira	
Revisão Gramatical Ana Carolina Oliveira Marcella Sarubi	**Capa** Marcelli Ferreira	**Layout	Diagramação** Joyce Matos	**Ilustração** Paola Sansão

Publique seu livro com a Alta Books. Para mais informações envie um e-mail para autoria@altabooks.com.br

Obra disponível para venda corporativa e/ou personalizada. Para mais informações, fale com projetos@altabooks.com.br

Erratas e arquivos de apoio: No site da editora relatamos, com a devida correção, qualquer erro encontrado em nossos livros, bem como disponibilizamos arquivos de apoio se aplicáveis à obra em questão.

Acesse o site **www.altabooks.com.br** e procure pelo título do livro desejado para ter acesso às erratas, aos arquivos de apoio e/ou a outros conteúdos aplicáveis à obra.

Suporte Técnico: A obra é comercializada na forma em que está, sem direito a suporte técnico ou orientação pessoal/exclusiva ao leitor.

A editora não se responsabiliza pela manutenção, atualização e idioma dos sites referidos pelos autores nesta obra.

Ouvidoria: ouvidoria@altabooks.com.br

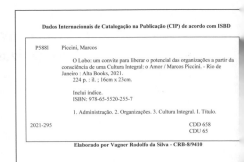

Dados Internacionais de Catalogação na Publicação (CIP) de acordo com ISBD

P588l   Piccini, Marcos
           O Lobo: um convite para liberar o potencial das organizações a partir da consciência de uma Cultura Integral: o Amor / Marcos Piccini. - Rio de Janeiro : Alta Books, 2021.
           224 p. : il. ; 16cm x 23cm.

           Inclui índice.
           ISBN: 978-65-5520-255-7

           1. Administração. 2. Organizações. 3. Cultura Integral. I. Título.

2021-295   CDD 658
                                                 CDU 658

Elaborado por Vagner Rodolfo da Silva - CRB-8/9410

Rua Viúva Cláudio, 291 — Bairro Industrial do Jacaré
CEP: 20.970-031 — Rio de Janeiro (RJ)
Tels.: (21) 3278-8069 / 3278-8419
www.altabooks.com.br — altabooks@altabooks.com.br
www.facebook.com/altabooks — www.instagram.com/altabooks

Ao que tudo sustenta, tudo é, e que nada pede em troca, nada, nadinha...

Aos meus ancestrais, aos quais honro com a minha vida

Aos meus pais, que me deram tudo, me deram a vida

Às minhas irmãs, Cintia e Gisele, por serem o que são

À minha família, Fê, Nina e Fefe, Amor eterno

Ao mestre de si mesmo, Moacir Amaral, que precisa e amorosamente me apontou ao Infinito... infinita gratidão...

Ao Amor, que tudo pode, tudo é, tudo acolhe, me entrego. Diante de ti, só me resta a verdade...

Sumário

Sumário

Prefácio   viii
Preâmbulo   xii
Introdução   xvi
Sobre o Autor   xxvi

1   O Lobo – Qual origem do título do livro?   2
2   Quando a cultura importa?   12
3   Falsos paradoxos culturais – O grande sintoma   24
4   O Lobo como força limitadora   32
5   Por que mudanças falham?   36
6   Nenhuma transformação verdadeira ocorre de fora para dentro   44
7   Organizações como um sistema complexo e vivo – a parte e o todo   50
8   A era do falso propósito   62
9   O que é propósito?   68
10   Autenticidade: muito mais do que fazer o que fala   74
11   Modelo de Coesão Organizacional   80
12   Os elementos mais sutis do Modelo de Coesão   92
13   "E", um novo mindset cultural emergente – O que estamos vivendo na macrocultura?   114
14   Quando uma organização adoece?   126
15   Como acessar o querer sem acolher o sentir?   158
16   O lugar de ajuda   168
17   A força do diálogo   180
18   Uma cultura em que a fonte é o Amor   186

Índice   192

Prefácio

Prefácio

Encerrava esta leitura nos primeiros dias da pandemia do coronavírus (março de 2020), esse marco na história da humanidade, que sentimentos mistos me provocou. Da alegria de presenciar um momento único, em que o mundo tem a oportunidade de despertar para seus excessos, à tristeza por aqueles que se vão, que parecem provar quão pequenos somos neste todo e quão poderoso é o efeito viral. Não me refiro à transmissão do COVID-19, embora, sim, essa seja uma analogia oportunista. Falo, no contexto da leitura que está por vir, da invisibilidade da cultura e seus efeitos multiplicadores.

Cultura! Uma combinação de fatores que, para mim, se provam no sentir, o que intriga ou pode frustrar àqueles que desejam medir, calcular, provar com estatísticas que ela está ali. Ilusão. A cultura não é nem nunca será a imitação de modelos ou difusão de práticas, ainda que seja assim que a maioria das organizações busque (de)limitá-la. Tampouco é feita de frases de efeito ou alegorias, que podem até encantar aos olhos, mas só a verdade toca a alma. E só almas verdadeiramente tocadas estão ali. São inteiras. E só inteiras são o melhor, o real e o abundante potencial que existe dentro de cada um de nós. Do contrário, a roupa pode enganar a miséria. O sorriso pode esconder o medo.

Não à toa, as palavras empatia e vulnerabilidade estão tão na moda no mundo corporativo de hoje em dia. Mais do que nossa intenção com o outro, na verdade, parecer ser uma bandeira particular, íntima, de quem pede: deixe-me existir, deixe-me ser o que sou.

Nessa analogia, falo também do senso de um todo que este vírus provocou ao nos lembrar que estamos todos conectados. Reflexiva com a leitura deste livro e com tudo que nos atinge, palavras não são o bastante para explicar esse todo. O sentir toma lugar e já é tudo. E é no sentir que mora todo o encantamento. Não procuramos explicação para o "método" que uma música usa, por exemplo, para deixar o passado tão perto. Não achamos respostas para as coincidências que nos apresentam. Há um "mistério". Nas culturas não há de ser diferente. Quem está atento, percebe.

Só poderão se entregar à compreensão da cultura e tantos outros elementos tão únicos e sublimes que este livro apresenta, aqueles que já fizeram o mesmo movimento para dentro si — ou estejam dispostos a iniciá-lo. Bem como à busca da ampliação da consciência, que começa e segue com perguntas. Sim, muitas perguntas, dúvidas e poucas certezas.

Por vezes, durante minha leitura, me peguei rindo de mim mesma, pois conversei em voz alta com estas páginas. Eu me vi contrariada, às vezes. Eu me vi provocada, muitas vezes. Emocionada. Reflexiva. Otimista. Perguntas, muitas perguntas. Algumas explicadas logo nos primeiros parágrafos, como quem já soubesse que o leitor se indagaria. Às vezes, sem respostas, pois não há. Sem frustração.

Assim é também o processo de autoconsciência. Cheio de inquietações. E assim, eu acredito, deve ser quem busca ajudar na evolução de uma cultura. É preciso olhos que enxerguem o que não está visível. Ouvidos que compreendam o que não está sendo dito. Uma percepção, conexão com o sentir.

Ah! Há também de ter coragem — ou seria pleonasmo chamar de corajoso quem busca autoconsciência? Está implícito, não? Pois some à coragem a autoconfiança e a humildade, e temos uma combinação com grande potencial para mobilizar uma organização. Basta ver, como nos convida o livro. E, o ver é o agir, este ver transforma tudo, mas em primeiro lugar, transforma você.

Se procuras um manual para um programa de cultura em sua empresa ou instituição, feche o livro neste momento — lhe será mais útil como peso de papel. Fique se aceitar o convite de terminar a leitura com mais dúvidas do que certezas. Aconchegue-se. Pegue uma xícara de chá ou café. Vai começar um diálogo. E prepare-se para o que pode acontecer depois. Pode começar uma busca que nunca irá terminar, pois não tem aonde chegar. Desfrute da jornada, pois o valor está justamente nesse caminhar. Renove-se!

Carla Fornazieri Costa

Preâmbulo

Preâmbulo

Este livro tem valor apenas e exclusivamente na condição em que a sociedade vive, dominada pela mente, pelo ego, pela consciência. Neste lugar em que "o peixe não reconhece a água", ou seja, em que o ser humano está submerso em seus pensamentos e acredita ser o que pensa.

A única transformação verdadeira que todo o planeta diz almejar não está no campo da ciência (conhecimento). É justamente pelo atual padrão de consciência da sociedade, em que a mente é tida como mestre maior, que vivemos nessa miséria. A mente almeja paz, mas ela nunca está em paz. Crê em valores, mas não conhece a vida em harmonia. A mente quer criar um novo sistema, mas não confia na natureza dos sistemas vivos, na amoralidade sustentada pelo Amor, que tudo é.

A única transformação verdadeira está no íntimo de cada ser humano, no reconhecer que, enquanto a mente estiver no controle, viveremos "correndo atrás do rabo". Viveremos em ciclos que se repetem, afinal, a mente atua apenas a partir do que conhece, e ela só conhece o passado. Toda a capacidade que possui para falar e construir o futuro são falsas inovações, não se passam apenas de diferentes articulações do passado.

Enquanto a mente continuar no comando de cada ser humano, viveremos em ciclos repetitivos de guerra. A identificação a pensamentos, crenças, ideias, ideais etc. é a prisão em que vive toda sociedade. Essa identificação (ego) cria fronteiras, países, culturas e organizações.

Pessoas identificadas matam e morrem pelo que acreditam ser. Há quem chame isso de patriotismo, competitividade, cultura, família, clã... e assim seguimos abertos apenas a nós ou ao que "é nosso" e fechados para o outro, fechados para o mundo: identificados a construções sociais, mentais, egoicas. É desta identificação que nasce a separação, a competição e a guerra.

Portanto, querido(a) vivente, a decisão de transformar o mundo e tornar este e praticamente todos os livros absolutamente inúteis está apenas nas suas mãos. Basta render-se, silenciar sua mente, colocá-la no devido lugar de serva, não de mestre, e observar que seus pensamentos não são você (praticar a desidentificação). Render-se à uma força maior que regula a tudo e a todos, uma força que está presente e disponível a todo momento, uma força que reconhecemos no nosso

xiii

íntimo, e que se torna mais forte e presente na medida em que deixamos de lado toda a idealização de quem somos, de medos e expectativas. É preciso render-se a essa força, ao Amor, que é livre e acolhe tudo e todos. Que não vê raça, cor, religião, pecado, nacionalidade, orientação sexual, certo nem errado. Dessa realização, tudo muda. TUDO!

Não se trata de um ponto de vista, tampouco de uma visão extraordinária do futuro, muito menos de uma profecia, menos ainda de algo em que se deva acreditar. Essa verdade está disponível a todo e qualquer ser humano, sempre esteve, sempre estará. Basta ver!

Assim, enquanto isso não ocorre, este livro fará sua contribuição. Ele pode ajudar "o peixe a flutuar mais livremente pela água", não muito mais do que isso. Entretanto, só você será capaz de algo infinitamente mais importante, relevante e poderoso: perceber a água (mente/ego). É apenas quando o peixe percebe a água, que ele desperta do sonho e passa a viver. Desejo que vivas! E que, deste momento em diante, este livro vire cinzas, vire pó e desapareça. Assim como tudo que tem forma, desaparecerá. E o que ficará eternamente? Desejo que vejas, com todo meu amor.

Introdução

Introdução

Este livro, em especial a sua essência, foi revelado a partir da observação cuidadosa, paciente e interessada de fatos. Não há nele nenhuma "ideia", no sentido de que a ideia é uma fantasia ainda não observada (um não fato), extrapolada de experiências do passado. Não há aqui qualquer defesa de tese frente a uma outra (tese versus antítese). Não há aqui a intenção de propor um conceito ou teoria. Ou a intenção de complementar conceitos, livros ou teorias publicadas.

Não houve qualquer pesquisa científica, de campo ou estudos de casos, tampouco, aprofundamento em bibliografias. Foi por meio do dia a dia, da observação atenta e cuidadosa das organizações, que confiaram a mim e a minha equipe um pedido de ajuda em processos de mudança, em que reside todo o conteúdo deste livro.

Este livro é também prova de que, quando estamos verdadeiramente presentes e genuinamente interessados a responder a um pedido de ajuda, viramos meros "expectadores" dos resultados, nos tornamos instrumentos. Ou seja, a ajuda passa por nós, mas não somos nós exatamente que ajudamos. Dessa forma, esta composição só foi possível graças à confiança que nos foi depositada por nossos clientes. Eles, sem saber, são coautores deste livro. Eles nos confiaram atuar a partir de uma "página em branco", nos permitindo renunciar a abordagens conceituais e metodologias preexistentes. Foi atuando a partir do não saber que pudemos, juntos, observar o que agora me sinto grato em compartilhar.

Assim, é natural o sentimento de incompletude. Este livro não se propõe a esgotar o olhar a um tema tão complexo, vivo, sistêmico e fascinante. Tampouco se propõe a ser "a melhor resposta" para processos de mudanças organizacionais. Muito menos assume que o que foi observado é como descrito e não se fala mais nisso. Ocorre que, ao nos permitirmos atuar de um lugar de dúvida, de não saber, de curiosidade pelos fenômenos, nos foram revelados elementos que consideramos de bastante valor. Eu diria inclusive que a intenção a todo momento é de compartilhar exclusivamente os elementos considerados essenciais nesse processo. Elementos não contextuais, não conceituais e acima de tudo, não dogmáticos.

Ainda que a sociedade viva influenciada por fatores culturais, econômicos, sociais, tecnológicos etc., sempre assumimos que cada organismo vivo é único, singular, e, ao mesmo tempo, é parte de um todo. Dessa forma, os elementos que compõem este livro não se propõem a observar o fenômeno da mudança em um contexto que poderíamos chamar de atual, no qual estamos vivendo, que, hoje, dizem ser a digitalização, mas que, no passado, já foi a "globalização", a "industrialização", a "agricultura" etc.

É claro que alguns acontecimentos possuem impactos maiores na sociedade em geral, entretanto, é também evidente que esses impactos são bastante relativos. A generalização dos fenômenos, inclusive, é um dos grandes enganos cometidos por algumas organizações ao observarem suas próprias realidades. Elas caem no engano de perceber o mundo polarizado, como parte ou todo, quando, na verdade, são os dois.

Por exemplo, é sem fim, neste período que vivemos, o pedido inconsciente de muitos clientes que almejam se tornar inovadores. Assim como é sem fim a oferta de soluções nessa direção. Entretanto, a necessidade de inovação das organizações é tão variada e ampla quanto a paleta de cores. Este é inclusive o tema central deste livro, afinal a forma com que observamos o mundo é determinante em como iremos nos comportar. Portanto, um material que se propõe a observar o impacto de modelos mentais em sistemas organizacionais não pode partir sua análise de um modelo mental pré-definido.

Esta obra é um diálogo aberto, inconcluso e contínuo de elementos que entendo ser neutros e estruturantes na compreensão e condução de processos de mudança cultural em sistemas organizacionais. É certo, como na matemática, em que 1+1=2, que ao final deste conteúdo, muito do que aqui foi escrito já estará em um novo estágio de observação, em uma nova realidade. Afinal, a mudança só existe para quem, em um dado momento, se identifica a algum modelo mental e para de acompanhar a realidade. Aos desapegados e atentos à realidade nunca há mudança, há sempre um universo de novidades e possibilidades aqui e agora.

Uma pergunta que percorreu minha vida profissional por muito tempo foi: o que faz organizações terem mais ou menos sucesso? Qualquer que fosse o local, a posição ou o momento, essa questão seguia em minha mente, como um aplicativo de celular, que está sempre rodando, ainda que em segundo plano.

Fato é que há quase dez anos esta pergunta foi sendo reformulada. Com o tempo, notei que a palavra sucesso era carregada daquilo que hoje reconheço ser o modelo mental mais dominante, e perverso, na cultura das organizações. É senso comum supor que sucesso esteja ligado a desempenho financeiro, ou a resultados, como é dito popularmente.

Nenhuma censura ao dinheiro (ou ao desempenho financeiro), mas todo sistema vivo tem uma ordem que o rege, e tudo aquilo que está fora de ordem é fadado à doença (ou, na linguagem dos negócios, ao fracasso). O dinheiro tem o seu valor, mas precisa ir para o seu devido lugar. Nesse sentido, sistemicamente, o dinheiro é menor que o propósito de uma organização, e isso precisa ser visto e colocado em seu devido lugar. Ao reconhecer essa questão de ordem sistêmica, a pergunta ressignificada que se instalou na minha cabeça foi: o que faz um sistema vivo (organizações) manter-se saudável, manter-se vivo? Esta é, portanto, a pergunta que rege este livro.

Posso dizer que procuro observar esse fenômeno há bastante tempo, minha carreira revela também que esta busca esteve sempre muito presente. Meu caminho de carreira inicial foi por buscar aprendizados e referências tanto em organizações, revistas, livros e no mundo acadêmico. Em 2002 recebi um convite daqueles totalmente inesperados de me associar a uma consultoria. Como consultor, desde então, tive a oportunidade de viver de forma mais intensa este propósito que hoje reconheço de ajuda a organizações.

Foi como se um médico, que mal sabia que era médico, fosse convidado a trabalhar em um centro cirúrgico de alta demanda e complexidade. De fato, é como médico ou terapeuta de organizações que sinto melhor poder explicar o que me proponho a fazer nas empresas em que atuo. O tempo me mostrou que não era na mesa de cirurgia, nem no centro de diagnósticos, nem no atendimento clínico que eu percebia ter a minha melhor contribuição.

As consultorias em geral vivem sob o mesmo mantra das organizações em todo o mundo, de maximização de valor ao acionista. Assim, em geral, criam metodologias e treinam toda uma força jovem de trabalho para aplicá-las. O resultado é que as ofertas tendem a ser ou em forma de produtos (metodologias) que precisam se encaixar nos problemas dos clientes, ou na forma de "eu tenho as melhores cabeças do mundo e darei a resposta certa para o seu problema". O fato é que nem os problemas nas organizações são os mesmos, nem o melhor livro de dieta, por si só, é capaz de fazer uma pessoa emagrecer.

Ao mesmo tempo, fui percebendo que os aprendizados disponíveis estavam sempre no campo da tangibilidade. Em outras palavras, as empresas queriam soluções que fossem concretas e mensuráveis, do contrário, seriam percebidas como soluções sem valor.

A pergunta original "o que faz uma organização ter sucesso?" me levou ao que poderia ser chamado de Meca do conhecimento de negócios e gestão, o Massachusetts Institute of Technology – MIT, em Boston (EUA). Quase na sequência, fui parar na consultoria de negócios de maior reputação do mundo, a McKinsey, na qual fiquei por longos quatro meses — eles foram muito generosos de me manter lá por tanto tempo. Esses foram, sem dúvida, aprendizados fantásticos. Acreditava que essas experiências me levariam para mais próximo da resposta a minha pergunta. E, de fato, levaram, embora de forma inesperada, pois deram como um ponto final a um capítulo bastante importante da minha busca.

Há uma frase atribuída a William Edwards Deming (professor e consultor estadunidense) que ainda é um mantra muito presente nas organizações: "Não se gerencia o que não se mede". Toda a minha experiência me revelou que esse modelo mental de medição traz grandes limitações a qualquer ajuda que se proponha a ser mais sistêmica e profunda.

Um episódio marcante que me levou a essa revelação aconteceu no dia em que o presidente de uma grande organização multinacional brasileira, em uma reunião mais privada, na qual falávamos sobre o andamento de um projeto de transformação, dizia: "Eu não consigo entender, nós temos indicadores para tudo o que fazemos, e somos benchmark mundiais em absolutamente tudo, somos com frequência premiados como referência em gestão, mas eu não tenho a menor confiança de que estamos preparados para o futuro, eu não sei o que fazer".

Via nele alguém extremamente competente e genuinamente interessado em construir o futuro da organização. Assim como também enxerguei nas palavras dele a prisão que o modelo mental de métricas quantificáveis é capaz de causar. Era uma verdade tão verdadeira para aquele executivo, que ele não conseguia observar a realidade de outra forma.

Lembro que a minha reação espontânea na ocasião foi perguntar a ele: e como você mede Amor? Ali, me referia a tudo o que era essencial, mas não era capaz de ser medido. Ele me olhou e se emocionou. Naquele momento, percebeu o que havia sido mostrado a ele. Mais do que isso, vi que ele sabia que tinha a resposta, mas preferia não olhar para ela.

A partir dali, houve uma mudança enorme na minha atuação profissional. Não posso dizer o que aquele umedecer nos olhos do executivo significou para ele. Porém, para mim, significou que mudanças verdadeiras ocorrem de dentro para fora, e esse movimento é absolutamente sutil, não concreto e não mensurável com instrumentos, pelo menos não com os aparelhos que temos hoje. É como a definição de meditação em sânscrito, que significa liberdade de qualquer medição ou avaliação, liberdade de qualquer comparação, liberdade de tudo o que possa vir.

Ali reconheci, ainda de uma forma pouco clara ou possível de articular, que o tipo de ajuda que eu me sentia chamado a oferecer não estava apenas naquilo que é mensurável, mas fundamentalmente no não mensurável. Eu sentia, mesmo que não pudesse explicar, que havia um caminho mais profundo e sutil a ser percorrido, assim como sentia haver uma resposta latente, encoberta por uma crença muito poderosa.

Era como se eu tivesse visto uma fresta de luz, muito difusa, quase invisível. Me sentia chamado a um lugar que meu ceticismo não havia me permitido ainda, e que toda literatura, academia e experiências profissionais apenas reforçavam o alerta para que eu não olhasse.

Na prática, era como olhar para algo que não existia, pois o mundo ao meu redor negava que pudesse existir algo, além de tudo o que já fora observado. Por dentro eu sentia como se todo o meu conhecimento tocasse apenas a superfície do problema. Percebia isso em forma de frustração, ao final de muitos projetos consultivos, nos quais, analítica e conceitualmente, tínhamos oferecido o melhor, entretanto, ficava uma sensação muito viva de que nós não havíamos efetivamente atingido o que precisaria ser modificado. Era como se muito tivesse sido feito, mas nada tivesse sido mudado.

Foi então que a minha estante de livros ganhou um marco. De Michael Porter, Jim Collins, Phillip Kotler, Peter Block, Robert Kaplan, David Norton, Marvin Bower etc. , para: Osho, Jiddu. Krishnamurti, Tony Parsons, Bert Hellinger, Bruce Lipton, Gangaji, Eckart Tolle, Mooji, etc... Ou seja, do concreto ao abstrato, passando por aqueles autores que considero enxergar o que também estamos, que estão nesta mesma busca de equilíbrio entre o sutil e o concreto: Joseph Jaworski, Otto Sharmer, Peter Senge e outros.

Pouco a pouco comecei a me abrir para além dos seis sentidos. Mas como era difícil, afinal, os modelos mentais de negócios e das organizações acreditavam apenas naquilo que viam. Descobri que a abertura que eu almejava estava em um nível muito mais profundo; não se tratava apenas de uma mudança de perspectiva, tratava-se de um renascimento.

Essa abertura passou por terapia, prática de meditação e yoga, formação em reiki, formação em terapia tântrica, Caminho de Santiago de Compostela, formação em Constelações e muito mais.

Esses processos trouxeram a mim novos "sims" e novos "nãos". Entre eles, ficou evidente, à medida que fui reconhecendo o que verdadeiramente me sentia chamado a fazer, que eu não encontraria no mercado um local no qual o sutil e o concreto fossem possíveis de coexistir como oferta de ajuda. Então que me desliguei do mundo corporativo e deixei emergir aquilo que sentia dentro de mim. Havia algo que parecia querer nascer, uma semente. Aos poucos fui observando o que era e procurando dar vida. Assim nasceu a Bee Consulting, que ainda hoje revela aos poucos ao mundo a que veio. Junto com Bee, de forma sincrônica, chegaram pedidos de ajuda vindos de algumas organizações.

Um momento bastante significativo, que também marca este livro, foi um encontro com Walter Schalka, no final de 2015. Ele havia recém-chegado à presidência da Suzano Papel e Celulose. Ao final de nossa conversa, Schalka me fez a seguinte pergunta — muito sábia, aliás: "Como posso acelerar o processo de mudança cultural do grupo?" — E, com gentileza, completou: "Não quero uma resposta agora".

Saí desse encontro em meio a diálogo interno bastante eloquente, tentando articular aquela resposta que parecia precisar ser fácil de responder. Do meu diálogo interno, revelou-se uma resposta a qual minha mente evitava acreditar: "Eu não sei". Como eu poderia não saber? Dediquei tantos anos a essas questões. Notei que, na verdade, eu tinha apenas um monte de partes para uma possível solução, porém, não me sentia confortável com o todo que se formava dessas partes.

Mergulhamos no que sabíamos e voltamos a ele com algumas ideias, e, acima de tudo, uma certeza: havia muito mais perguntas do que respostas. Em outras palavras, nós mais não sabíamos do que sabíamos, embora ele, sempre cordial, tenha agradecido nossas "recomendações".

Foi justamente desse incômodo, gerado da realização e sustentação do "estado de não saber", que este livro pôde ser escrito.

Naturalmente, eu percebia que mergulhar na observação mais profunda das coisas estava também respondendo àquela questão maior que me perseguia, agora ressignificada: o que faz sistemas vivos se manterem saudáveis?

No mesmo período, outros clientes nos confiaram perguntas similares. Oferecemos ajuda, sustentando o estado de não saber, essa página em branco. A cada interação, novas observações. A cada troca, novos insights. E, assim, fomos, quase sem querer, "preenchendo as lacunas".

A propósito, as peças foram se encaixando das formas mais improváveis, até que, quando menos se esperava, algo absolutamente novo e mobilizador apareceu, o "Lobo". É muito difícil descrever em palavras o que ocorre quando algo assim é revelado, a partir de uma visão que não é com os olhos e de um entendimento que não é com a mente.

Revelar o Lobo tornou-se um convite constante desde então, fosse para nós, "terapeutas organizacionais", ou para nossos "pacientes", organizações com potencial limitado. Entretanto, reconheço o desafio, já que, reconhecê-lo, depende da predisposição de cada um. E não é meramente um exercício mental e analítico, é um ver que preenche a consciência, que uma vez visto, não se pode ignorar. É um ver que não precisa de ação alguma posterior, em que o ver e o agir são a mesma coisa. Ao mesmo tempo é um ver que torna tudo tão simples e ao mesmo tempo óbvio. É quase que natural ficar com a sensação de: "nossa, mas é evidente, como não vi antes?".

Este livro se propõe, então, a contribuir para enxergarmos a realidade, sem filtros de modelos mentais, e isso é tudo. "Não vemos o que a mente nega existir", e este é o princípio que rege toda a prisão em que vivem pessoas e organizações, limitando seus potenciais. Na prática, é este reconhecimento simples, e ao mesmo tempo complexo, que me mobilizou a escrever.

Posso também compartilhar que quando nossa mente se abre para uma nova possibilidade, a sensação é incrível e indescritível. É como estar diante de um quebra-cabeça de mil peças, todas espalhadas e sem sentido, e, de repente, uma peça faz com que todas se juntem. É como a formação do universo, do caos à ordem (e vice-versa), num piscar de olhos. É como uma explosão, algo que não precisa ser entendido, pois simplesmente foi revelado, visto. E como tudo o que é verdadeiro e essencial, mostra-se como um paradoxo: algo totalmente novo e, ao mesmo tempo, uma coisa que se conhecia desde sempre.

Este livro é o resultado da minha revelação, que me fez perceber tantas coisas, colocou tantas outras no lugar e me fez sentir chamado a compartilhá-la, assim como outras que vêm se abrindo ao longo da jornada.

Da mesma forma que considero que nossos clientes são coautores deste livro, há outros quatro coautores de extrema importância e generosidade. Meus amigos e sócios (respeitando a ordem sistêmica do que é mais importante primeiro), primeiro, amigos, depois, sócios. Assim como respeitando a ordem sistêmica das precedências (quem chegou primeiro).

Mariana Abbud, que conheci em 2011 e, muito rapidamente, estabeleci um forte laço de confiança, que virou uma amizade e, em 2018, uma sociedade. A Mari, embora tenha se tornado sócia apenas em 2018, foi a minha "primeira" sócia. Quando concebi a Bee Consulting, fiz dois cartões de visita, o meu e o dela, e enviei a ela com um convite: "Se um dia fizer sentido para você, você já tem o cartão". A Mari é, com certeza, uma entre aquelas cinco pessoas que, em uma situação de crise, eu chamaria para viver em uma ilha deserta. Imagine alguém que você sente que jamais deixará você na mão... esta é a Mari.

Amélia Caetano, a quem quase que cegamente aceitou meu convite do desafio de realizarmos um projeto juntos, foi uma complementaridade tamanha que virou sociedade. Por muitas vezes, Amélia me ajudou a perceber algo singular no que estávamos fazendo. Ela talvez possa descrever mais alguns detalhes de como fiquei quando vi o Lobo pela primeira vez, pois estava ao meu lado e observou o meu estado. Ao longo da escrita deste livro, a Amelita mudou sua relação com a Bee, passando a ser uma associada, mas continuando a contribuir da mesma forma e nos reforçando que somos mais fortes quando ocupamos nosso verdadeiro lugar.

Humberto Parro se aproximou de nós a partir de uma parceria e, rapidamente, pudemos perceber uma grande sintonia, tornando-se sócio. Parro tem uma alma de criança, que combina ingenuidade, curiosidade e genuinidade em ajudar. Além de consultor, um artista, ou melhor, um artista que se veste de consultor ocasionalmente. O Parrito tem um talento incrível para pensar em formatos de desenvolvimento não convencionais, além de um olhar profundo e científico sobre o comportamento humano. Ao longo deste livro, ele percebeu que seu lugar de contribuição maior seria fora da Bee, o que acolhemos e celebramos, afinal, nada mais prazeroso do que ser testemunha de movimentos de alma em busca de seu vibrar mais autêntico.

Marilia Verri, nos conhecemos pelo Parro que sentiu nela uma vibração parecida com a nossa. Tornou-se parceira inicialmente, e mais recentemente houve uma reaproximação. Como se também nos reforçasse a compreensão de que tudo tem o seu tempo, esta reaproximação ocorreu como se ela já fizesse parte desde sempre. A Ma chegou como uma grande sustentação ao nosso campo de ajuda, com uma sensibilidade de ver, reconhecer e espelhar a luz do outro, sem julgamentos, de forma acolhedora e amorosa. Ela mal chegou e nos trouxe muita luz para o nosso próprio time, nos ajudando a encontrar um lugar ainda mais autêntico e verdadeiro de troca e ajuda.

Esses são os grandes coautores deste livro, juntos, vivemos muitas experiências, nos permitimos ir a lugares desconhecidos, sustentar o não saber e, acima de tudo, a dialogar muito, muito e muito para observarmos aquilo que se revelava a cada interação com os clientes, cada aprendizado, cada erro, cada mudança de perspectiva.

Quando senti o chamado para escrever este livro, compartilhei com eles minha vontade. Eles, generosamente, me apoiaram nesta jornada. Eu disse que minha intenção era de escrevê-lo sozinho, pois sentia que o que estava aqui dentro era como uma obra de arte, e eu teria dificuldade de me fazer expressar por outros e sentia que havia muito o que dizer.

Entretanto, praticamente tudo o que está aqui escrito passou pela troca com eles. Basta dizer que em nossa forma de trabalho não fazemos nada sozinhos, estamos no mínimo em dois. No entanto, as trocas mais profundas são feitas por todos nós. Fomos juntos germinando ideias e observações. É assim que funcionamos juntos, é assim que entendemos que ajudamos uns aos outros, que somos mais fortes para podermos cumprir com o nosso propósito de ajudar organizações a realizarem o seu potencial. Obrigado queridos, de coração.

Não há como olhar para esta obra sob a ótica do modelo mental que rege o "mercado do conteúdo", no qual entende-se que propriedade intelectual é um incentivo justo à produção de conteúdo e à inovação. Esse modelo mental está preso em algumas crenças que considero limitantes. A começar pela ideia de que conhecimento tem propriedade. É tão absurdo quanto cobrar pelo ar que respiramos. Tão absurdo quanto pagar por um espaço para viver na Terra e chamar de propriedade. É, você talvez não ache.

Não à toa, nossa sociedade vive presa na mente, ela é o deus maior. Ou seja, em um mundo em que a mente é venerada, atribui-se a ela todo e qualquer conhecimento. Este livro está se propondo apenas a revelar uma observação que está disponível a quem queira observar. Qualquer conteúdo aqui pertence ao campo de informação, ao mundo e a todos. Sou um mero veículo, um instrumento. Portanto, salvo por restrição da editora, todo e qualquer conteúdo aqui descrito veio do mundo e do mundo é.

Este livro se propõe a observar elementos de como tornar saudável os sistemas organizacionais vivos, a partir de seus condicionamentos preexistentes, propondo movimentos que podem liberar o potencial realizador de pessoas, times, organizações ou sociedades.

Sobre o Autor

Sobre o Autor

Marcos Piccini nasceu em São Paulo. O primeiro filho homem, depois de suas duas irmãs, Cintia e Gisele, respectivamente. De seu pai, Gilberto, empreendedor por toda a vida, recebeu a energia para o trabalho: "Filho, você pode até não querer estudar, mas um dia você terá a sua família e precisará sustentá-la". De sua mãe, Aida, recebeu a força do Amor: "Filho, coloque mais amor nas coisas que você fala".

A dificuldade na escola (repetiu dois anos), fez Piccini acreditar em uma mentira e em uma verdade. A mentira, que ele era incapaz e inferior a maioria das crianças. A verdade, que a sociedade impunha um padrão para tudo, e que isso era um abuso, uma limitação, uma castração.

Destas crenças resulta um menino que aos 14 anos já começava a trabalhar e que pelo trabalho descobriu que poderia sim trazer algum tipo de contribuição para o mundo.

A insegurança quanto à capacidade intelectual levou o jovem rapaz a realizar um MBA no Massachusetts Institute of Technology – MIT, em Boston (EUA), em 2008. E, posteriormente, a atuar na consultoria de maior prestígio mundial, a McKinsey. Veja o poder que há em uma crença.

Padre, recreador, hoteleiro, administrador, psicólogo, consultor, professor, artista e terapeuta foram algumas das profissões que Marcos almejou um dia exercer. Hoje, reconhece que todos essas profissões estão, de alguma forma, presentes no que tem oferecido ao mundo.

Sob um olhar mais pragmático, como é do mundo, Piccini é formado em Administração de Empresas pela Universidade Paulista (Unip), possui MBA Executivo em Marketing pelo Ibmec e MBA Internacional pelo Massachusetts Institute of Technology (MIT). Realizou diversas formações complementares como a de Facilitador, pela Adigo; Team Coach, pelo Erickson College; Coach, pelo Instituto Ecosocial e Constelações Sistêmicas, pela Faybel.

Iniciou sua jornada profissional no laboratório de análises clínicas do pai, uma empresa de médio porte, com mais de 100 funcionários, e um volume de 120 mil exames mês, tendo sido um co-CEO por cinco anos.

Trabalhou na Novartis na área de marketing de vendas por dois anos, quando, então, direcionou sua carreira para o segmento de consultorias. Atuou em empresas como Hay Group, McKinsey e Korn-Ferry, sempre ligado à transformação e desenvolvimento organizacional e a projetos de redesenho de estrutura organizacional, *assessment* de executivos, coaching, desenvolvimento de líderes, cultura organizacional, fortalecimento de times de alta liderança, entre outros.

Neste período Piccini reconheceu que tinha um talento para uma visão sistêmica e integrada para construir modelos conceituais e uma vontade muito verdadeira e latente por ajudar organizações a maximizarem o seu potencial. Aprendeu também que modelos preconcebidos eram potencialmente limitantes para a ajuda que sentia-se chamado a oferecer. Mas, na verdade, foi no desaprender, na desconstrução de sua identidade, que ele reconhece ter encontrado um lugar de contribuição onde a força e a serenidade se encontram. Um lugar onde coloca-se a serviço da ajuda e a ajuda acontece de forma espontânea e amorosa. Daí, fundou a Bee Consulting em 2015 e continuou ajudando grandes organizações nos seus desafios de transformação, entretanto, a partir de um lugar mais profundo e verdadeiro, que este livro trás luz e detalhes.

Assim como as abelhas, Marcos Piccini vê seu trabalho como um mero polinizador de novas sementes de consciência, de novas possibilidades. Sua forma de atuação pressupõe que toda a semente para o novo já está disponível nas organizações através das pessoas, a ele, cabe observá-las e despejá-las pelo solo fértil de cada organismo vivo.

O Lobo
Qual origem do título do livro?

1

"O crescimento interno se realiza quando se dá espaço para algo novo. Esse algo novo é, na maioria das vezes, algo que se negou antes. Se olho para aquilo que neguei e digo: 'sim, agora tomo você em minha alma', então cresço."

BERT HELLINGER

O título do livro não é literal, mas contextual, uma referência a um fenômeno ocorrido no Parque de Yellowstone, EUA, chamado "cascata trófica". Trata-se do efeito indireto que um grupo de seres vivos do topo de uma cadeia alimentar pode causar nos demais níveis da cadeia (e vice-versa) de um ecossistema. Este fenômeno demonstra que um ecossistema inteiro pode ser impactado por uma mudança de apenas um único elemento de sua cadeia, não é incrível?!

Eu já conhecia a história sobre "como lobos mudam rios". Porém, um dia, assisti a um vídeo no YouTube e, sob outra ótica, percebi naquela narrativa justamente um elemento ao qual eu já havia identificado em sistemas das organizações. Desde então, não consegui encontrar outra forma de me referir a esse fenômeno, senão a partir da referência do lobo.

Sugiro que busque vídeos sobre o tema, mas se não for possível, compartilho uma transcrição adaptada do que ocorreu no parque, extraída do próprio vídeo.

Em 1918, o Parque de Yellowstone, bastante rico no seu ecossistema, contava com uma população de lobos ativa. Em um dado momento, observou-se no local a diminuição gradativa da população de alces, presas fáceis para os lobos. Para preservar os alces, os responsáveis decidiram, então, abater os lobos do parque.

É sabido que os lobos estão no topo de uma cadeia e se alimentam de muitas outras espécies animais, entre eles, os alces. Com a eliminação dos lobos, a população de alces foi crescendo de forma significativa, justamente por não haver mais predadores. Ocorre que os alces só se alimentam de plantas, ou seja, ao longo de sete décadas, eles praticamente devastaram toda a vegetação da região e, com isso, toda a megafauna foi aos poucos se enfraquecendo e adoecendo, assim como todo o ecossistema do parque.

Foi então que, em 1995, decidiu-se reintroduzir os lobos no parque. Em um primeiro momento, os lobos começaram a matar alguns alces, como era de se esperar. Entretanto, apenas a presença dos lobos foi suficiente para mudar expressivamente o comportamento dos alces. Para evitar virarem presas, eles passaram a circular por outras regiões. Não demorou muito tempo, a vegetação nos lugares menos ocupados pelos alces voltou a crescer. Com a vegetação, voltaram os pássaros e outros animais, como os castores, que formaram seus nichos, criando pequenas represas nos rios. Com as represas, vieram peixes, anfíbios, patos e muitos outros animais.

Além dos alces, os lobos também matam coiotes, e com a diminuição de coiotes, foram chegando coelhos, ratos, raposas etc. Ao longo do tempo, pouco a pouco, houve uma enorme transformação em todo o ecossistema do parque. A mais notável e incrível de todas foi o comportamento dos rios. Com a regeneração da vegetação, as águas puderam seguir o seu curso com maior fluidez e, assim, criar novos fluxos.

Não é incrível reconhecer que com o retorno de apenas um único elemento, aparentemente nefasto, todo um ecossistema voltou a ter vida abundante? Todo aquele entorno estava com seu potencial encapsulado, preso, oculto em apenas um único elemento, o lobo.

Pelo modelo mental que domina nossa sociedade atual, em especial no sistema corporativo, qualquer pessoa que fosse responsável pelo parque provavelmente traria um sem-fim de justificativas para explicar por que aquele local possuía um ecossistema tão pobre. Bem como proporia inúmeras ações para recuperar o parque. Quem poderia imaginar que apenas reintegrando os lobos, todo o potencial daquele lugar floresceria?

Importante notar que os lobos não foram inseridos, eles foram reinseridos. Embora nós consigamos olhar para um sistema vivo e separar os seus elementos, as suas partes, estas partes compõem um todo. Um todo jamais será o mesmo sem as partes. É a nossa mente condicionada que separa, é ela a incapaz de reconhecer que vivemos em absoluta interdependência. Foi a mente julgadora quem propôs a retirada dos lobos para salvar os alces. Ela quem escolheu olhar para o lobo apenas pelo seu papel de aparentemente nefasto, de tirar a vida dos alces. O que a mente não quis ver foi o todo do lobo, a mente não quis ver que, embora os lobos tirem algumas vidas para sobreviver, com isso, dão vida a muitas outras espécies e reequilibram o ecossistema daquele espaço.

Veja, não se trata aqui de dar um status diferente e superior aos lobos, não significa que melhores do que outros elementos daquele ambiente. A mente humana também tem dessas. Ela adora continuar escolhendo um em detrimento do outro, adora a comparação, a competição. Isso permite a ela lutar de forma constante pelo seu próprio estado de sobrevivência, afinal a mente (ego) sobrevive justamente na condição de separação e de não integralidade. O lobo é tão importante quanto os outros elementos desse ecossistema. Porém, nesse caso, o que se percebe é que, a ausência ou a negação de um elemento, corrompe todo o fluxo, adoece o sistema e, eventualmente, o destrói.

Uma pergunta que nasce é: o que faz a mente julgar o lobo como nefasto? Você consegue observar? Fica relativamente óbvio agora reconhecer a outra face da moeda, pois sabemos o fim da história. Embora os lobos matem muitos animais, eles trazem vida a muitos outros. Mas volto à pergunta que é central neste nosso diálogo: o que fez a mente julgar o lobo como nefasto?

É uma característica da mente perceber a realidade de forma polarizada. Ela está a todo o momento buscando encontrar o certo e o errado e atribuir esse julgamento às coisas, trata-se de um padrão. Ou seja, enquanto operarmos desse lugar mental, a nossa percepção da realidade estará enviesada e, portanto, limitada, equivocada. Esse padrão de consciência mental está de forma constante fazendo escolhas e trabalha quase que de forma exclusiva com o padrão "ou". Em outras palavras, a mente tem dificuldade de integrar, de ver a moeda inteira, sem julgar o certo e o errado. Vamos olhar para esse fenômeno com mais atenção ao longo do livro.

No caso do Parque de Yellowstone, entre lobos ou alces, a mente escolheu os alces. O que não pode perceber naquele momento é que, nesse aparente paradoxo entre lobos e alces, preferiu julgar o lobo pelo seu lado perigoso, e ignorou seu "lado vida". Assim como escolheu o alce pelo seu lado vida, e ignorou o seu aspecto voraz, sua capacidade de devastar toda a vegetação. Em poucas palavras, ao excluir os lobos, a mente, na verdade, escolheu deteriorar todo um ecossistema.

Note que levou 70 anos para que pudesse se perceber o estrago. Seguramente, nos primeiros anos, essa decisão foi tida como de sucesso. Afinal, o resultado que se teve, de imediato, foi a maior presença dos alces e isso, provavelmente, satisfez os idealizadores da solução, bem como a muitos caçadores, imagino.

Desconheço detalhes sobre como isso ocorreu, mas o mais surpreendente é que houve a consciência de retornar os lobos ao parque. Em geral, o que é mais comum à mente humana não é acolher aquilo que ela negou, aquilo que considerou errado, nefasto, não é reconhecer o erro, não é repensar a decisão. Em uma situação como essa, é muito mais comum ao ser humano encontrar um sem-fim de soluções inúteis e fragmentadas, não, sistêmicas.

Por exemplo, ao perceber a deterioração da vegetação, seria racional uma ação para reflorestamento. Esta seria uma ação, que em curto prazo poderia ser considerada exitosa, pois ficaria nítido aos olhos da mente que o verde estaria de volta. Entretanto, em longo prazo, novos problemas apareceriam. É assim que vive a sociedade atual, criando problemas dentro dos problemas já existentes. Não à toa, vivemos com uma crença de que tudo é cíclico. Ou seja, há um modelo mental fortemente enraizado na sociedade de que tudo que se estabiliza irá se desestabilizar.

A mente humana opera assim, separada. Há pouquíssima consciência sistêmica em nossa sociedade. A mente tem facilidade com a parte, não com o todo. Ocorre também que a consciência do todo não é de propriedade da mente, que precisa ficar de lado para que o próprio sistema revele os seus caminhos. Porém, dizer para a mente ficar de lado é a tarefa mais desafiadora da humanidade nos dias de hoje (sem excessos nem méritos a tal revelação).

Ajudar organizações em seus desafios não é diferente de ajudar ecossistemas vivos. Embora ainda não seja senso comum, as organizações são sistemas vivos altamente complexos. Entretanto, a forma com que as soluções são construídas nas organizações são igualmente polarizadas e limitantes.

A história de algumas empresas costuma ser carregada de decisões unilaterais e, consequentemente, desequilibradas, embora bem-intencionadas, podemos assim chamar. Essas alternativas podem trazer sucesso para a organização até um determinado momento, assim como a decisão da exclusão dos lobos no parque de Yellowstone permitiu a sobrevivência dos alces. Entretanto, passado algum tempo, começam a aparecer sintomas e consequências dessas escolhas não integrais.

O sintoma mais evidente, que me fez reconhecer e permanecer em um estado de não saber foi ter acompanhado (e ainda acompanhar), por toda minha carreira consultiva, que, apesar do esforço, as ações para transformação nas organizações resultavam em pouca ou nenhuma mudança de fato.

O que passamos a observar ao nos permitirmos estar neste lugar de não saber foi incrível. Porém, levou tempo para eu reconhecer que as iniciativas, ainda que planejadas e priorizadas, estavam sendo propostas do mesmo lugar mental em que a empresa havia sido construída, logo, nenhuma mudança verdadeira ocorreria.

Outro sintoma comum às organizações nas quais temos atuado é que elas, em geral, possuem resultados passados incríveis, entretanto, um futuro nebuloso. Tem sido recorrente encontrar presidentes com este mesmo relato: "Nosso passado foi brilhante, mas nosso futuro...".

Na verdade, esse é um indício de um sistema organizacional que já está adoecendo, ou doente. A dúvida quanto ao futuro tende a vir carregada de uma falta de força, de um esmorecimento sistêmico. Não é incomum encontrar nessas empresas pessoas adoecendo. As conversas, muitas vezes, revelam um sentimento de impotência, angústia, dor.

Boa parte do padecimento da organização se dá pelo fato dela (por meio de seus executivos) não saber o que esperar do futuro. Acontece que, na prática, esse estado de não saber (sobre o futuro) é uma circunstância altamente potente. Contudo, para a mente humana ou para os paradigmas de gestão, ele é sinônimo de fracasso. Mais um modelo mental que prejudica significativamente o bom andamento das corporações.

Em momentos assim, a lista de iniciativas estratégicas para reverter o quadro tende a ser sem fim. É também nesse ponto em que, por vezes, as organizações recorrem à ajuda externa, na expectativa de "comprar a resposta certa". É como no caso do Parque de Yellowstone, em que à primeira vista, à ideia de um reflorestamento, não faltariam investidores.

Embora a dúvida sobre o futuro seja paralisante e frustrante, é deste incômodo profundo e angustiante que reside uma enorme oportunidade de transformação, de liberação do potencial latente realizador de uma organização. E é aqui que o Lobo se revela.

Para nós, e para alguns de nossos clientes, o Lobo tornou-se uma metáfora poderosa de observação e pensamento sistêmico. Ele é um elemento inconscientemente negado dentro de sistemas organizacionais (cultura), pois foi e/ou é tido como nefasto dentro da cultura. É algum elemento que foi retirado ou negado em detrimento de outro, pois um aspecto foi avaliado como maléfico, enquanto, o outro, como positivo naquele sistema. Como se os dois elementos não pudessem coexistir.

E é aqui que também nasce a complexidade de lidar com este tema, pois quando um sistema organizacional (cultura) se mostra fragilizado ou adoecido, é possível perceber muitos sinais na superfície, visíveis a olho nu para todos que ali convivem.

Quando as pessoas articulam sobre a cultura de um determinado lugar já fragilizado, o que se ouve são sintomas como: excesso de hierarquia, ausência de inovação, falta de meritocracia, medo de errar, excesso de politicagem, informalidade etc.

A mente humana percebe essas "coisas erradas" e corre para resolvê-las. Porém, esses sintomas são apenas pistas de algo muito mais profundo. São sintomas de modelos mentais limitadores, binários.

Na prática, o que as organizações estão fazendo ao tentarem atuar no seu sistema vivo, na sua cultura, é potencialmente grande, mas, ao mesmo tempo, altamente limitante, pois trata o sintoma, não a origem sistêmica.

As empresas investem uma enorme quantidade de recursos em ações tangíveis, ajustam estrutura, adequam governança, revisam modelos de incentivo, desenham novos comportamentos esperados, entretanto, não olham para a origem, ou seja, não se perguntam: por que chegamos aonde chegamos?

De nada adianta mudar, sem mudar. Parece óbvio este comentário, não?! Mas é justamente o movimento feito nas organizações. Acreditam que as transformações precisam ser tangíveis e não percebem que o intangível que está causando toda a desordem. Mudam o que chamamos de "mecanismos de reforço", incentivos, estrutura, comportamentos etc., mas não alteram seus modelos mentais. Ou seja, não mudam nada! Afinal a forma com que vemos o mundo (modelos mentais) constrói o mundo que vemos (mecanismos de reforço)! Se não mudo a forma como vejo o mundo, continuarei realizando um sem-fim de ações, preso no mesmo condicionamento, no mesmo modelo mental.

Agora, a verdadeira motivação para escrever este livro não está no reconhecimento de que é necessário mudar modelos mentais para transformar organizações. Isso parece algo bastante conhecido já no mundo organizacional. O que me motivou escrever este livro foi observar que, embora seja possível mapear intelectualmente diversos modelos mentais que limitam a evolução de um sistema organizacional, na raiz de muitos apenas há isto, um modelo mental limitando todo o potencial latente de uma organização.

Esse foi o grande "a-há", o que me motivou a compartilhar minha experiência. Foi acompanhando os desafios de evolução cultural de um cliente que pude identificar essa dinâmica, perceber o Lobo. De repente, vi o que havia sido negado naquele sistema por anos, e que do qual percebia-se apenas os sintomas. Via também o cliente lutando brava e inutilmente para realizar ações que mitigassem os sintomas, mas ainda negando aquilo que foi tido como nefasto.

> Jiddu Krishnamurti, filósofo e escritor indiano, descreve bem o lugar do qual vem o insight: "O insight não é uma dedução minuciosa, não é um processo analítico de pensamento, nem tem qualquer relação com a memória, que nos limita ao tempo. É um percebimento sem o percebedor; é uma percepção instantânea. A partir dele, a compreensão de qualquer problema é rigorosa, completa e verdadeira. Não há desapontamentos, não há reações." Vê?

No momento em que o Lobo apareceu para mim, fui tomado em êxtase, afinal, diante de tantos sintomas, de tantas possibilidades de ação, apenas um elemento se revelou como a causa raiz de todo o desequilíbrio daquele sistema. Eu notava que havia chegado à essência, ao ponto nevrálgico. Analogamente à acupuntura, não se tratava de colocar algumas poucas agulhas em lugares estratégicos, era questão de colocar uma agulha em um único ponto, e todo o sistema voltaria a florescer, assim como o Lobo.

Estávamos em um workshop com a liderança sênior estendida de uma organização centenária (em torno de 30 líderes). Eu não estava conduzindo aquela parte do encontro, estávamos prestes a sair para o almoço e as conversas já se encerrando. Embora tivessem tocado em alguns sintomas e possíveis causas da crise na empresa, a conversa ainda não havia mobilizado aquele time, e eles não tinham o que eu havia percebido. Não me contive! Com o tema já praticamente finalizado, pedi a palavra e mesmo com a mente ainda tomada pelo caos, sem saber bem como elaborar aquelas ideias, tudo foi tomando ordem, e compartilhei o que vi.

Um silêncio ocupou a sala. Era como se eu tivesse apontado para algo que já estava lá, mas que ninguém tinha visto. Ao mesmo tempo, para a mente de alguns, parecia muito simplista olhar para um elemento que estava sendo negado. Saímos para o almoço.

Os profissionais espontaneamente começaram a me procurar e confirmar que também haviam visto. Senti que houve uma mobilização clara. Mesmo semanas depois do workshop chegavam até mim histórias de que aquele insight havia ficado na cabeça das pessoas.

Ali revelou-se o que depois vim a chamar de Lobo. Aprendi também algo mais sutil. Ainda que existisse um reconhecimento por parte do cliente quanto ao impacto sistêmico de determinado elemento cultural em questão, proibido por mais de um século naquele contexto, havia outros bons motivos para que ele não fosse reintroduzido. Afinal, como justificar que a empresa "que não permitia lobos em seu sistema por serem altamente perigosos", agora passaria a acolhê-los? E foi o que ocorreu na sequência, a alta liderança optou por voltar a esconder o lobo.

Portanto, descobrir o Lobo não é suficiente. Deve-se "vê-lo além dos olhos", e, para que isso seja possível, é necessário um desprendimento total. É preciso colocar-se em um lugar de silêncio, no qual o todo é mais importante do que qualquer ego, qualquer interesse pessoal, qualquer culpa ou vergonha por ter feito algo no passado e, agora, reconhecido o seu limite.

É quase um processo terapêutico. Se você não está disposto a enfrentar suas sombras, a se tornar vulnerável, não sairá do mesmo lugar. É quando o elemento rejeitado é verdadeiramente acolhido, que se cria o espaço para a mudança. Na verdade, basta reconhecer tal exclusão para que haja uma ampliação no modelo mental, uma ampliação de consciência. E, como dito anteriormente, "ver é agir". Na prática não é necessário nenhum plano de ação nenhum... uma vez visto, todas as ações decorrerão a partir dessa nova visão, desse novo lugar.

Enquanto o homem acreditou que a Terra era plana, não houve colonização. Ninguém ousava cruzar o oceano e cair no "fim do mundo". A mudança dessa simples percepção de mundo mudou significativamente o comportamento do homem e da sociedade. Como o Lobo é um elemento mais oculto, mais sútil do que físico, como a Terra, há, sim, um grande desafio em ajudar as pessoas a enxergarem um elemento rejeitado e acolhê-lo.

Vamos ver se conseguimos ao longo deste livro ajudar você a perceber tal desafio e se abrir para ele. No Lobo está escondido o grande potencial latente de uma organização, encontrá-lo e acolhê-lo transmuta a impotência em potência, a doença em saúde. É disso que se trata este livro.

Veja, não é dizer que em uma organização há apenas um movimento a ser feito e nunca mais há o que se fazer. Novos Lobos irão emergir à medida que aquele ecossistema vivo, viva. O que vejo é que a medida em que existam verdades não acolhidas em um ecossistema, estas irão emergir quando o contexto social mudar e mostrar uma limitação daquela verdade. Ou seja, enquanto as escolhas forem duais, haverá sempre um Lobo potencial a surgir. Tende a levar tempo para que emerja, já que mudanças socioculturais demoram a ser desconstruídas na sociedade.

Enquanto revisava o livro, tive acesso a um conhecimento que me encantou e que não pude deixar enxergar certa sincronicidade. O lobo, na tradição xamânica, é tido como a medicina do ensinamento, do Amor, dos relacionamentos saudáveis. O lobo simboliza aquele que vê, mostra o caminho, o guia, o professor. Ele ajuda a trabalhar as sombras, os medos, por meio de sua ligação com a Lua. A Lua simboliza a energia psíquica e o inconsciente que guarda os segredos da sabedoria e do conhecimento.

Ao uivar para a Lua, o lobo manifesta seu desejo de entrar em contato com novas ideias, ocultas sob a superfície da mente consciente. A magia do lobo fortalece e estimula o professor que existe dentro de cada um de nós. Ele nos estimula a ensinar as crianças da Terra a viver em harmonia e a compreender o grande mistério e o sentido da vida. Ajuda a eliminar as nossas fraquezas e pensamentos negativos, não produtivos, para eliminar sentimentos e pensamentos que enfraquecem o espírito. Para defender, ou conquistar nosso espaço. Ensina a caminhar longe, seja física, mental ou espiritualmente para minimizar conflitos ou situações tensas. Estimula a visão criativa, sabedoria, ação fidelidade para aprender novas coisas, ensinamentos do inconsciente. O lobo é o mestre.

Frequentemente retratado pelos seres humanos como um solitário (lobo solitário), está bem longe disso. O Lobo é um animal comunitário e com uma família amorosa, que coloca a alcateia acima do seu próprio bem-estar. Os povos nativos respeitam o Lobo devido aos cuidados que dispensa ao bando, ao amor à família, seus instintos protetores e por sua discriminação em caçar os animais fracos ou doentes de uma manada.[1]

Não há como negar que o propósito deste livro também seja dar luz à sombra, ajudar a ver o que está oculto, buscando uma forma de relacionamento e cultura amorosa. A potência de um ecossistema não vem de escolhas estratégicas, mas do movimento de libertação das amarras que o impedem de operar a partir, não de um centro egoico, mas de um centro sem centro, do Amor. Que força é essa que faz com que os lobos busquem o bem maior antes do seu próprio? Forte, não é?

Este livro, portanto, é, sobretudo, um convite para reconhecer a miséria que continuará acontecendo enquanto estivermos operando a partir da nossa própria vontade, e operando organizações da mesma forma. Assim como reconhecer a potência que é liberada no momento em que acolhemos o que nossa mente julga como errado e passamos a viver com o todo, com o que é, com o presente como se apresenta, e nesse lugar encontramos a sabedoria para tomar as decisões que emergem a cada minuto.

Que este livro desperte o Lobo que há em cada um de nós na busca pela verdade, pelo autodesenvolvimento espiritual, pela libertação dos padrões mentais que nos limitam e, consequentemente, limitam nossa sociedade, nosso sistema. É este todo o movimento: nós não mudamos o mundo, nós mudamos a nós mesmos para que, a partir da realização desse centro sem centro, do Amor, possamos, compassivamente, viver com a ciência da limitação do padrão de consciência mental da sociedade e a serviço de quem queira reconhecer que está em si, e apenas em si, a transformação do mundo.

---

[1] Fontes: www.xamanismo.com.br e Centro Espírita Ascensionado Céu Nossa Senhora da Conceição

Quando a cultura importa?

2

"A cultura reflete a capacidade de uma organização de manter-se vital, nutrindo e sendo nutrida, em seu sistema."

MARCOS PICCINI

Antes de falar sobre cultura organizacional propriamente dita, cabe uma pergunta que, a meu ver, nem todas as empresas fazem antes de embarcar em um processo de transformação cultural: Quando a cultura organizacional é de fato relevante para o sucesso de uma organização?

Há pouco tempo, a resposta seria unânime: nunca! Há ainda muitos descrentes em relação ao poder da cultura nas organizações. Nos dias de hoje, não surpreendentemente, há um comportamento pendular, é quase que unanime a resposta: sempre!

O fato é que nenhuma das respostas pode ser considerada correta, nem totalmente errada. Se observarmos por um lado fica evidente que com o avanço da tecnologia e em especial da capacidade de compartilhamento das informações e do conhecimento, vimos nossa sociedade passar por ciclos cada vez mais curtos de inovação, ou de mudança, como muitos preferem chamar.

Olhando apenas para o ciclo anterior ao que vivemos hoje, fica fácil perceber que as organizações se sustentavam por ciclos longos de inovação. As etapas de criação, escalabilidade/crescimento, eficiência operacional, inovações marginais (para ampliar o ciclo de vida do produto/serviço) eram longos, e as empresas desenhavam e montavam seus modelos de negócios baseados nesses ciclos.

Já se analisarmos por outro lado, com a disseminação da tecnologia, o que era percebido como diferente e inovador no momento zero, corre o risco de ser considerado um commodity no momento um. Ou seja, se antes as empresas tinham no seu produto/serviço um grande diferencial, atualmente, esse artigo pode perder o valor muito rapidamente.

Assim, a fonte de sustentação de um negócio migrou da inovação como diferencial, para a inovação como *status quo*. A realidade do passado criou um modelo mental em que a sustentação de valor de um negócio estava em criar escala e excelência operacional a partir de uma inovação, de algo diferente. Esse modelo se sustentava já que levava muito tempo para que determinada inovação ou diferencial pudesse ser "copiado".

Com a democratização do conhecimento e da tecnologia, as fontes de inovação se multiplicaram. As áreas de pesquisa e desenvolvimento estão perdendo seu papel, as pessoas no mundo inteiro estão com muito mais possibilidades de criar, de inovar. E acima de tudo, estão livres dos paradigmas criados por grandes corporações, que costumavam ter verdades absolutas sobre "como inovar".

Não à toa, há um "boom" de startups no mundo, as organizações estão desesperadas para ser inovadoras, muitas pessoas estão largando suas carreiras em grandes corporações para empreender e pesquisas apontam que o maior desejo dos jovens que estão se formando é também de empreender.

Há uma clara mudança de padrão sistêmico impactando a sociedade. Começou silenciosa, mas já está fazendo muito barulho. Ela mexe com um modelo mental ainda muito presente na lógica corporativa e nos negócios: previsibilidade. Hoje nada mais é previsível, e como a mente humana tende a ser binária, essa imprevisibilidade tem causado um grande medo nas pessoas que lideram negócios. Há histeria pela inovação. Uma histeria fruto de um suposto mal que parece ameaçar a todos, o de que "a qualquer momento, pode surgir algo e devastar o nosso negócio."

Esse medo tomou as organizações no mundo inteiro e tornou o tema "agilidade" a nova palavra de ordem, assim como foi a "eficiência operacional" no ciclo passado, pois era o que garantia sustentação por longo prazo na grande maioria dos negócios.

Não à toa também, a palavra gestão ganhou tamanha importância no mundo dos negócios. Gestão é um sinônimo glamoroso da palavra controle. Assim como a palavra liderança ganhou o mundo sendo, igualmente, sinônimo de gestão. Posso espremer todos os programas e livros de liderança existentes e chegar a uma palavra: gestão (disfarçada de controle).

O controle foi o comportamento necessário para assegurar a tão esperada previsibilidade. Previsibilidade de retorno de um capital investido. Dois paradigmas altamente limitantes ao contexto de sistemas vivos.

Me recordo de uma experiência profissional de quando ainda atuava em uma multinacional. Estava à frente de um novo negócio, tido como de alto potencial e que transformaria a forma de atuação da empresa. Era uma corporação de capital aberto e, mês a mês, eu recebia ligações da liderança global, que media nosso desempenho frente a um orçamento estimado. Eu dizia a eles: se vocês realmente acreditam que este negócio tem o potencial que dizem ter, como querem prever o seu crescimento? Nenhuma inovação verdadeira é previsível.

Essa contradição não é diferente da vivida por muitas organizações mundo afora. Entendem apenas mentalmente que precisam inovar, mas seus modelos mentais estão presos ao padrão de controle e previsibilidade. Posso ver muitos executivos questionando esse fato. A resposta mais recorrente, especialmente para uma empresa de capital aberto, seria, "sem previsibilidade o valor das ações despencaria no dia seguinte".

Não à toa muitas empresas optaram por fechar suas ações em bolsa, de modo a conduzir seus negócios mais autonomamente. Essa crença também parece ignorar os absurdos causados pelas bolhas no mercado de capitais. Mais dia, menos dia, surge um novo caso de empresas supervalorizadas em que qualquer critério de previsibilidade traria seus valores a patamares bem inferiores.

Fato é que viver em um mundo em que a inovação já não é mais diferencial, mas commodity, exige uma mudança de modelo mental muito mais ampla e profunda. Esperar inovação preso ao modelo mental de previsibilidade e controle é como chegar no Parque de Yellowstone, perceber que ele está devastado e querer plantar gramas.

É preciso acolher integralmente a imprevisibilidade e o não controle, é preciso aprender a conviver com o não saber. O não saber é o Lobo deste novo momento que vive a sociedade. O não saber é a palavra proibida, é aquilo que foi extinto, excluído, ignorado por anos nas organizações. O não saber é o elemento que poderá reequilibrar todo o sistema que vive hoje preso no "saber", preso no controle, preso na previsibilidade.

Do não saber nascem muitos elementos culturais como autonomia, confiança, agilidade, liberdade etc. Palavras também "proibidas" no mundo corporativo, que pauta seu modelo de gestão pelo controle, hierarquia, pelo não risco.

Não se trata também de um comportamento pendular, binário, de viver exclusivamente na "era do não saber" como podem dizer alguns. Trata-se da coexistência do saber com o não saber. Assim como os lobos coexistiram com os alces. Não se trata de realizar uma chacina com o saber, de acabar ou passar a demonizá-lo, trata-se, sim, de encontrar o equilíbrio, o equilíbrio da coexistência do sim e do não. Do saber e do não saber. Do lobo e do alce. Percebe?

As organizações entenderam que estão vivendo em um mundo mais dinâmico, em que previsibilidade e controle deixaram de ser palavras-chave, dando espaço para o imprevisível e o flexível. Notaram que, para se adaptar a esse novo momento, precisam criar uma nova cultura que saiba lidar com um novo contexto.

O tema cultura ficou extremamente popular. Pior, virou moda. E o comportamento humano, quando vê uma fila enorme de pessoas, quer pegar a fila também.

>
> Há uma migração da fonte de valor que sustenta os negócios no tempo, a inovação migra do produto e passa a ser a cultura.

Embora isso tenha impacto em grande parte da sociedade, está longe de ser uniforme. Mesmo que hoje, em algumas indústrias, haja a consciência de que a cultura da organização passa a ter uma importância mais significativa para a sustentação do negócio, está longe de ser uma verdade generalizada.

A professora de estratégia de Harvard, Rebecca Henderson, quando ainda lecionava no MIT, foi quem conheci e que mais claramente conseguiu observar e segmentar organizações quanto a sua "fonte de vantagem competitiva"[1]. O que a ela procurou responder é qual o elemento determinante a uma organização para que ela se sustente em longo prazo?

Henderson apontava para três fontes de sustentabilidade nos negócios. Ao observar o que trazia e sustentava valor no tempo para uma determinada organização, ela percebeu que havia três fontes:

1) estrutura da indústria
↓
2) vantagem posicional
↓
3) competências organizacionais

Vamos olhar para cada uma delas:

Estrutura da Indústria

Toda organização é um organismo dentro de um sistema mais amplo e complexo, chamado de indústria. A forma com que essa indústria é estruturada tem impacto significativo na capacidade de geração de valor dos membros do sistema. Fato é que, essa configuração pode ser decisiva na capacidade de uma empresa gerar e sustentar valor (manter-se rentável), no tempo.

---

[1] Embora a expressão "Vantagem Competitiva" esteja presa em um paradigma, pois pressupõem um sistema de escassez, onde é necessário ter vantagem sobre outro, onde o outro é um inimigo que alguém há derrotar, ela está sendo usada em respeito à sua origem.

Ter sua fonte de valor na Estrutura da Indústria, significa dizer que a capacidade de geração de valor de determinada empresa está intimamente (para não dizer de forma exclusiva) ligada à forma com que a indústria está configurada. Em outras palavras, o que determina o sucesso ou fracasso da empresa depende mais da indústria do que da organização.

No extremo, é como dizer que ainda que ela contrate pessoas medianas, empregue tecnologias medianas, tenha uma estrutura de custos mediana ou tenha uma cultura percebida como retraída e hipócrita, continuará ganhando dinheiro se as condições da indústria forem favoráveis.

É também como dizer que mesmo que ela contrate os melhores talentos, invista nas melhores tecnologias, desenvolva uma estrutura de custos excepcional e tenha uma cultura percebida como arrojada e verdadeira, estará fadada ao fracasso se as condições da indústria forem desfavoráveis.

Peguemos por exemplo a indústria de mineração de ouro. Há pouquíssimas empresas atuando em todo globo que conhecem e possuem quase que todas as reservas com potencial de exploração de ouro do planeta. Neste segmento, tecnologias de exploração são dominadas e acessíveis a todas empresas, entretanto, o preço do produto (ouro) é determinado pelo mercado.

Na prática essas empresas operam apenas quando o preço do ouro é maior do que seu custo de produção. Nos momentos em que o preço cai, muitas minas saem de operação, pois produzir ali significaria ter prejuízo.

Note que, em tese, a empresa pode fazer praticamente nada para assegurar que o preço do ouro suba ou desça (embora seja sabido que há um grande esforço para isso, como o controle da informação sobre reservas, bem como estoques). Mas em teoria, todo esforço está em operar com custos eficientes e dentro dos padrões de segurança e qualidade necessários. Neste caso, a forma com que a indústria está configurada é decisiva para o sucesso ou fracasso de uma mineradora de ouro.

Surge a pergunta: em que medida a cultura organizacional de uma empresa mineradora de ouro pode assegurar a sua sustentabilidade em longo prazo? A resposta curta é: pouca. É claro que durante ciclos nos quais o preço do ouro esteja acima dos custos, a cultura pode ter a sua contribuição para o negócio, mas não é ela a assegurar o sucesso ou fracasso do negócio.

Enquanto a estrutura da indústria for como é, ou seja, enquanto os preços forem determinados pelo livre mercado, e/ou não houver nenhuma inovação disruptiva, a sustentabilidade do negócio estará fundamentalmente atrelada à indústria. Se o preço subir e se mantiver alto, os resultados financeiros tenderão a ser altos, se o preço baixar e se mantiver baixo, os resultados baixarão até o momento em que poderá inviabilizar por completo a sobrevivência de tal empresa.

E aqui cabe uma pergunta: mas em que medida tal empresa pode influenciar a estrutura do mercado e reverter esta situação? A resposta que me vem em mente é: enquanto a estrutura da indústria estiver satisfazendo os interesses daqueles que dela fazem parte, não haverá energia para mudar.

Vantagem Posicional

A configuração da indústria sempre será importante a ser observada quando se trata de entender o que determina sustentabilidade em uma organização. Como apontei anteriormente, o organismo menor (empresa) tem resultado em função do sistema maior (indústria).

Sabendo que essa influência pode ser decisiva, e, portanto, aparentemente menos justa, a sociedade parece lutar por criar estímulos para aquilo que os economistas chamam de "economia de mercado", em que as indústrias são configuradas de uma forma tal que as empresas possuam maior poder para determinar o seu sucesso ou fracasso.

É como na Fórmula 1, quando os carros começam a ser mais determinantes no êxito ou fracasso das corridas, há uma perda de valor dos pilotos, e os dirigentes repensam o sistema para criar mais "competitividade", uma palavra que, neste contexto, significa "estímulo para que todos se sintam motivados a melhorar sempre".

Em mercados em que a fonte de sustentação de valor não está na indústria, muitas corporações buscam criar diferencial sustentável naquilo que Henderson chama de Vantagem Posicional[2]. Trata-se de algo muito especial que a empresa possua, que assegure sustentar valor por longo prazo. Pode ser economia de escala, alguma inovação protegida por patente ou difícil de ser copiada, um posicionamento geográfico mais favorável, entre outros.

Vamos pegar por exemplo a indústria farmacêutica inovadora, aquelas empresas que realizam pesquisa e desenvolvimento para a criação de novos produtos. Tipicamente, a sustentação de valor no tempo da indústria farmacêutica de inovação está ligada justamente ao potencial inovador de seus produtos. O preço das

---

2 Tradução livre do inglês *positional advantage*.

ações nessas companhias varia significativamente em função de seu pipeline de produtos[3].

Pode-se dizer que o fator determinante para o sucesso ou fracasso de uma empresa farmacêutica inovadora esteja no seu produto. Pelo tempo em que aquele produto for percebido como superior aos demais, permanecerá gerando valor. A Lei das Patentes, inclusive, assegura que tal produto protegido não pode ser copiado por um período determinado, em geral de 10 anos.

Peguemos o caso da Pfizer, uma multinacional farmacêutica inovadora, fundada em 1849, com sede em Nova York (EUA). A década de 1990 foi marcada pelo lançamento de produtos de altíssimo valor, entre eles o Viagra, o primeiro medicamento indicado para disfunção erétil no mundo.

Juntos, esses produtos sustentaram um crescimento bastante significativo da Pfizer por mais de uma década. A empresa viu seu valor de mercado crescer incríveis 1.500% em apenas uma década.

Já na década seguinte, o novo pipeline de produtos não foi bom o suficiente para sustentar o valor dos negócios, e, com isso, houve uma flutuação bastante significativa no valor de ações nesse período.

Aqui cabe a mesma reflexão feita anteriormente. No extremo, é dizer que, tendo um pipeline de produtos blockbusters[4] em mãos, ainda que ela contrate profissionais medíocres, ainda que opere a custos medianos, tenha uma infraestrutura também mediana, e que tenha uma cultura percebida como "hipócrita e fraca", terá enormes chances de sustentar seu resultado financeiro por um período razoavelmente longo.

O contrário também é verdadeiro, quando tal empresa perder sua capacidade de lançar novos produtos inovadores e revolucionários, mesmo que contrate os melhores profissionais, opere com uma estrutura de custos excepcional, tenha uma infraestrutura incrível e uma cultura percebida como "coesa e forte", o fracasso será evidente.

Além disso, a Vantagem Posicional se caracteriza por algo mais concreto e, portanto, mais factível de ser copiado. Como disse anteriormente, com o avanço da tecnologia, está a cada dia mais difícil criar tal vantagem posicional, pois a capacidade de transferência de conhecimento/cópia é a cada dia mais rápida.

---

3 Pipeline de produtos é o termo utilizado pela indústria farmacêutica para definir o potencial de venda dos produtos que ainda estão em fase de estudo. A estimativa de geração de valor que essas inovações podem vir a ter no futuro, quando os produtos forem lançados.

4 Blockbuster é uma terminologia utilizada pela indústria farmacêutica para caracterizar produtos que tenham potencial de venda superior a 1 bilhão de dólares.

Competências Organizacionais (ou Ativos Intangíveis)

É justamente pelo aumento da vulnerabilidade das Vantagens Posicionais, que a fonte de sustentação de valor nas empresas tem migrado de questões tangíveis (estrutura da indústria, produto, canal de distribuição, economia de escala, preço etc.) para questões intangíveis.

Na prática, o que Henderson chama de Competências Organizacionais são "coisas" que uma determinada empresa faz diferente e melhor do que as outras, mas que é difícil tanto de perceber, quanto de medir, mas, acima de tudo, ainda mais difícil de se copiar. Trata-se muito mais do "como" essas coisas são possíveis de serem feitas, do que "o que" são feitas. Ou seja, a diferença migra claramente do tangível para o intangível.

É dizer que se vive em uma indústria em que a estrutura não determina quem gera mais valor, assim como dizer que tudo aquilo que é mais tangível, como produto, canal de distribuição, modelo de negócios etc., tem pouca ou nenhuma capacidade de sustentar valor em longo prazo.

E é aqui que geralmente param os livros de negócios e as teorias econômicas ou comportamentais. É por aqui também que param a grande maioria dos executivos, condicionados ao modelo mental "não se melhora o que não se mede". É aqui e daqui que nasce este livro e a sua pergunta mestre: "Como se sustentam organismos vivos?"

A professora Rebecca Henderson desenvolveu uma aula na época em que lecionava no MIT para aprofundar justamente esse tema. A aula era chamada de Estratégia Avançada. Para mim, a mais profunda e relevante aula de todas que tive oportunidade de assistir. Para muitos, apesar de popular, o conteúdo era visto como "não conectado à estratégia", ou "confuso", ou "evasivo". De fato, em um modelo mental no qual apenas o tangível é real, falar do intangível, ou, ainda mais, procurar demonstrar que o intangível se tornou a grande fonte de valor sustentável para muitos negócios, parecia fantasioso.

A pergunta que guiava essa disciplina de Henderson era praticamente a mesma que guia esta obra, assumindo que, notadamente, algumas empresas superavam de modo consistente outras em desempenho ao longo de um bom período de tempo: "quais as fontes de valor que sustentavam o desempenho superior dessas empresas no tempo?".

Como dito anteriormente, Henderson apontava para três fontes: Estrutura da Indústria, Vantagem Posicional e Competências Organizacionais. Entretanto ela também indicava para o fato de que, dada a tendência de configurar indústrias de forma "competitiva", e dado o aumento constante da transferência de conhecimento, as Competências Organizacionais estavam se tornando a cada dia mais relevantes e, talvez, a única verdadeira fonte de vantagem competitiva no presente/futuro.

Mas o que são Competências Organizacionais? Ela mesmo reconhecia a dificuldade de defini-las. Quando se referia, dizia: "é esse monte de coisas que não conseguimos tangibilizar, valores, comportamentos, incentivos, formas de trabalhar, todas essas coisas *softs* ". De fato, é bastante desafiador tangibilizar o intangível. Mais à frente trarei o meu olhar para o que chamo de cultura organizacional. Neste momento, apenas digo que consiste em nada mais do que "todas estas coisas *softs*", incluindo algumas outras mais.

Vamos pegar mais um exemplo: a indústria de consultoria de gestão, caracterizada pela oferta de solucionar problemas complexos de gestão. Ou seja, uma indústria na qual não há espaço para a criação de um produto que possa ser "comprado de prateleira". Um segmento em que praticamente não há barreiras de entrada, qualquer profissional com um laptop em mãos pode iniciar um negócio. Um nicho no qual é muito difícil mensurar inclusive o que se vende e o que se gera de valor.

Essa indústria está configurada de forma totalmente aberta e democrática, não há nada nela em si que sirva de fonte de valor para qualquer empresa de consultoria no mundo. Ou seja, não há como se sustentar valor pela Estrutura da Indústria. É possível, sim, que uma consultoria desenvolva uma metodologia ou abordagem conceitual que assegure um diferencial competitivo por algum tempo. Muitas empresas se valeram desse formato para se destacar. Entretanto, é a cada dia menor o tempo em que essas metodologias se mantêm como diferenciadoras. A velocidade de transferência de conhecimento é tamanha que logo esse valor se perde. Concluindo, dificilmente alguém nessa indústria vai obter sua fonte de sustentação de valor em uma Vantagem Posicional.

O que resta? Como a McKinsey se tornou não apenas a maior, mas também a mais relevante consultoria de gestão no mundo? Algum produto em especial? Alguma vantagem que a indústria lhe garanta? Fato é que é muito difícil identificar e mensurar o que faz da McKinsey a McKinsey das consultorias. Ela conseguiu ao longo da história construir uma reputação que transmite uma grande segurança de que será capaz de resolver problemas complexos de gestão e cobrar muito bem por isso.

Como a McKinsey consegue sustentar sua reputação e ter uma constante capacidade de adicionar valor significativo aos seus clientes?

1. Capacidade de atrair e reter os melhores talentos?
2. Metodologia de solução de problemas que assegura uma entrega de valor superior?
3. Capacidade de captar e alavancar conhecimento da indústria e do problema de forma ágil e superior?
4. Capacidade de manter uma rede de relacionamento e confiança com conselheiros, líderes e empresários das maiores companhias do mundo?
5. Capacidade de desenvolver consultores *on the job*?
6. Capacidade de atrair e escolher apenas projetos com potencial de gerar alto impacto?
7. Capacidade de formar continuamente consultores e sócios de alto valor, por meio da constante exposição destes a projetos sempre complexos e desafiadores e da sua conhecida política de gestão de consequências *up or out*[5]
8. Capacidade de recolocar seus profissionais estrategicamente em posições de impacto em potenciais clientes, tornando-os embaixadores da marca?

Em qual desses fatores (ou de outros) está a fonte que sustenta valor ao negócio da McKinsey por tanto tempo? Pois é, em nenhum e em todos. Percebe quão amplo, complexo, intangível e interdependente são esses aspectos? Nenhum deles, sozinhos, seria capaz de proporcionar valor sustentável.

Agora, outra pergunta bastante importante: em que medida esses fatores são possíveis de serem copiados? Imagine uma outra empresa que observe de fora a McKinsey, e queira imitá-la. É possível? Talvez um ou outro fator, sim. Entretanto, a beleza e o valor estão justamente em cada parte que compõem o todo. É um sistema vivo altamente complexo orquestrado de tal forma que permite com que haja fluxo. O resultado? Uma organização capaz de florescer todo seu potencial.

É natural que com o tempo esse florescimento passe por estações distintas, podendo, inclusive, chegar um momento em que o seu fluxo seja interrompido.

---

[5] *Up or out* é a política de gestão de consequências utilizada pela McKinsey, na qual em um período de dois anos (geralmente), um profissional deve ter demonstrado habilidades o suficiente para ser promovido ou será desligado.

Portanto, não basta entender e adaptar-se apenas uma vez, o "diálogo" entre a parte e o todo é uma constante.

A proposta deste livro é justamente observar esses momentos em que as organizações perdem força, esmorecem, adoecem — em minha observação, este momento ocorre justamente pela falta de diálogo da parte (empresa) com o todo (ecossistema). Naturalmente, as pessoas na organização perderam a capacidade de dialogar, especialmente sobre os "elefantes brancos" (as verdades que não podem ser questionadas). A ausência de troca faz com que a organização se feche em verdades incompletas, em modelos mentais que trouxeram sucesso ao passado, mas que hoje parecem em cheque frente a novas verdades que o sistema maior pede. Vamos olhar isso com mais atenção ao longo dos próximos capítulos.

A principal mensagem que este capítulo pretende deixar é que, ainda que nos dias de hoje pareça que a cultura organizacional seja a grande fonte de sustentação de valor, é necessário entender primeiramente qual fonte de valor de fato sustenta o negócio para que qualquer esforço nessa direção não seja em vão.

Falsos paradoxos culturais - O grande sintoma

3

"Enquanto houver a crença na dualidade, haverá a crença no certo ou errado, haverá sofrimento. E para transcender a dualidade, para transcender o sofrimento, é preciso se tornar consciente de que tudo são experiências, de que cada situação vivenciada faz parte da jornada que fatalmente nos levará ao despertar."

RAONI DUARTE

O que observamos ao longo de nossos trabalhos é que, ainda que as organizações tenham dificuldade de elaborar com profundidade suas questões culturais, há um senso comum no sentido de perceber que algo parece não estar certo.

Vale reforçar que em quase todas as situações, as coisas que são notadas e expressas são, na verdade, sintomas sistêmicos da cultura e não a causa em si. Ainda, não é incomum, em organizações diferentes, encontrar os mesmos sintomas, embora as causas sejam substancialmente distintas. A forma mais recorrente que os problemas de cultura tendem a ser compartilhados está nos efeitos mais visíveis.

Do que temos presenciado de modo mais recorrente, as questões são assim expressas: excesso de hierarquia, falta de delegação, incapacidade de inovação, burocracia, excesso de informalidade, morosidade na tomada de decisão, centralização na tomada de decisão, excesso de coleguismo, falta de colaboração e de senso de responsabilização, falta de senso do todo, departamentalização (silos), entre outros.

Note que quase todos esses tópicos nos forçam a pensar como, até hoje, trabalhos de cultura organizacional têm sido desenvolvidos a partir de extremos. Diagnostica-se, por exemplo, muita burocracia e, tão logo, cria-se a imagem de uma "nova cultura" sob o mantra da simplificação. Ou, detecta-se a falta de colaboração entre áreas, e logo é adotada a prática da colaboração ou interdependência.

É como diagnosticar que um indivíduo está acima do peso, e, imediatamente, estabelecer uma nova forma de viver, com um sem-fim de iniciativas, de dietas, exercícios físicos, regulação de sono etc. Não estamos acostumados como sociedade a perguntar: o que sustenta esse padrão de comportamento?

Claro que se a dieta, exercícios físicos etc. forem realizados, cumprirão o seu papel. Entretanto, é pouco provável que mudarão verdadeiramente e em definitivo aquela pessoa. Não incomum, pessoas que passam por procedimentos cirúrgicos, a exemplo da cirurgia bariátrica, após algum tempo, voltam a engordar.

É assim que vivem as organizações, realizando inúmeras iniciativas, colhendo resultados que parecem positivos, afinal, há um caminhão de incentivos (financeiros e não financeiros) para que as pessoas mudem, mas a mudança em si nunca ocorre, e tempos depois nota-se mais um sintoma, e outro e outro... todos frutos da mesma causa, ainda não observada.

O grande sintoma

Na prática, uma empresa está diante de uma necessidade de evolução cultural quando uma ou mais verdades que trouxeram sucesso no passado, se tornarem aparentemente paradoxais a verdades que trazem valor para o presente/futuro.

Um exemplo ilustrativo: pense em uma organização que tenha por anos crescido e ocupado um local de destaque pela qualidade excepcional de seus produtos. Sua qualidade era tamanha que seu preço também conseguiu por toda sua existência acompanhar tal reputação.

Com o tempo, outros players desenvolveram produtos de qualidade similar a custos inferiores. Como resultado, a empresa já não mais conseguia ser rentável, pois o volume de vendas caiu, seus preços tiveram que baixar e, com isso, a margem foi sacrificada.

Cria-se, então, uma nova ordem: rentabilidade. O que você imagina que rentabilidade significa para quem por muitos anos aprendeu que a qualidade superior sustentou o negócio desde sempre? Pois é, percebe o paradoxo?

Para essa cultura, rentabilidade significa corte de custos, e isso significará renunciar a qualidade. É aí que nasce o conflito. Para o novo emergir é como se fosse necessário matar aquilo que gerou valor por tanto tempo.

E assim são geridas as chamadas "transformações culturais" mundo organizacional afora. Contrata-se um novo CEO, que tenha claro foco em rentabilidade, e todos que não adotarem o novo mantra, deixam de fazer parte da empresa. Percebe o abismo que é criado?

Falsos paradoxos culturais – O grande sintoma | 27

Imagine uma organização com 50 mil funcionários, todos condicionados a uma cultura em que a qualidade é o sucesso. E, de repente, o esforço de anos pareceu inútil, pois levou o negócio a uma crise sem precedentes.

É claro que rentabilidade não significa abrir mão da qualidade, mas posso dizer que é assim que as pessoas identificadas àquela cultura tendem a perceber. E é exatamente em um contexto dessa natureza no qual podemos afirmar que a empresa se encontra diante de uma verdadeira necessidade de ressignificar a sua cultura. Ou de forma mais clara, de ressignificar verdades, modelos mentais, para que a realidade seja vista como é, sem falsas verdades.

Parece simples, mas não é. Há uma necessidade primal no ser humano sentir-se parte. O pertencimento é a força primal, inconsciente e presente em todo ser humano que nasce, expresso pelo choro. O momento do choro é aquele em que se percebe a individualidade, que deixei de ser parte de algo, e agora sou algo. E o choro é justamente fruto da necessidade de voltarmos a ser parte de algo, voltarmos a ser parte de um todo. Diz-se que a criança de fato se percebe "sozinha", separada, entre os 2 e 3 anos de idade, quando o ego começa a se desenvolver. É quando ela deixa de se chamar na terceira pessoas para chamar-se de "eu".

Portanto, com ou sem fome, com ou sem relações, com ou sem status... o ser humano irá buscar um lugar para pertencer por toda sua vida. Ou até que desperte da ilusão de individualidade. Enquanto estiver dormente, o não pertencimento é a morte. Sem exagero, a morte. O sistema ao qual primariamente precisamos nos sentir parte é o familiar. Todo indivíduo que não se sente parte de seu sistema familiar, não se sente aceito pela família, sofre com um vazio que não apenas o acompanhará por toda vida, com trará problemas a ele ou às gerações futuras.

As Constelações Sistêmicas, criadas por Bert Hellinger, nasceram dessa observação.

Assim também acontece nas empresas, desde o momento zero, as pessoas tentam se conformar com o sistema organizacional. Procuram se adaptar. O que isso significa na prática? Que vão adaptar/corromper os próprios valores, crenças, comportamentos, modelos mentais, para ser aceitas pela organização. E a cada momento em que sentem estar "de acordo", sentem-se seguras, pertencendo àquele lugar.

A força do pertencimento é muito superior à força da necessidade financeira. Não à toa, quando se percebem "fora" de um sistema, ou seja, quando notam que determinada cultura não tem compatibilidade consigo, muitas pessoas deixam as organizações, abandonando carreira, bônus, visibilidade, uma marca corporativa etc. É comum em sessões de coaching observar esse movimento, quando a pessoa é corajosa para enxergar e reconhecer que já não mais se vê pertencendo àquela empresa, a força para sair é incontrolável.

Voltando ao caso da empresa que sempre buscou qualidade e agora busca rentabilidade. No esforço de anos para se sentirem pertencendo àquele sistema, àquela cultura, as pessoas começam a se identificar com os comportamentos que foram valorizados. Se por anos seus esforços atingir a qualidade, independentemente do custo, foram valorizados, elas tendem a se sentirem presas à essa imagem. Dizer a elas para renunciarem à qualidade, é como pedir para negarem tudo o que foram até agora, negarem tudo o que fizeram, e isso, em geral, é extremamente doloroso para quem está identificado com esse passado. É também um sentimento de morte.

Por isso, os processos de mudança cultural têm sido tão dolorosos e difíceis de serem conduzidos. Imaginem a força que há em 50 mil pessoas identificadas com "fazer sempre com a melhor qualidade possível" frente a um CEO dizendo "precisamos fazer o mais rentável possível". Em geral, esses processos são conduzidos de forma ineficiente e desumana, cria-se uma imagem da nova cultura e um sem-fim de campanhas que, em última análise, diz: "mude ou mude-se".

Notaremos ao longo do livro que chamados à mudança não acontecem do dia para noite. É justamente pela grande identificação que as pessoas criam com comportamentos tidos de sucesso, fruto de suas necessidades de pertencimento, portando, de conformidade, que se fecham para a realidade.

O esquema abaixo procura ilustrar como percebo a formação da cultura dentro de um sistema. Dada a observação da realidade, projeta-se uma imagem, ao comportar-se dentre dessa percepção de mundo, o indivíduo nota um resultado positivo do grupo em relação a ele, que passa a ser aceito naquele lugar por adotar tal verdade. Pouco a pouco, o indivíduo passa a se identificar com essa verdade e deixa de questioná-la. Ou seja, você deixa de acessar a realidade, de questioná-la, e adota uma foto que o grupo escolheu para observar a realidade e simplesmente repete aquele padrão. E padrão é cultura, é comportar-se dentro das verdades, valores esperados por um determinado grupo. Assim você se identifica àquele grupo, àqueles costumes, àquelas verdades. Com o tempo você está tão identificado, que acredita que ser aquele valor, aquela verdade. Parece exagero, mas não é. A identificação é o ego, é a imagem que você cria de você mesmo, ir contra esta imagem significa ir contra sua própria identidade. Vê o condicionamento?

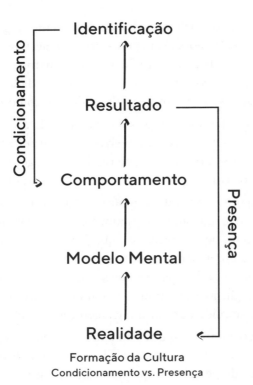

Formação da Cultura
Condicionamento vs. Presença

A exemplo da empresa em questão, o fato de terem por anos consistentemente se comportado sob o modelo mental "faça sempre com a melhor qualidade", criou-se uma falsa ideia de que esse comportamento de sucesso deveria ser repetido sempre para que as pessoas pudessem continuar pertencendo àquela organização, com isso, elas ficaram condicionadas a repetirem comportamentos, foram sendo reconhecidas por eles, e assumiram como verdade definitiva, que não se deve questioná-la.

Logo, a companhia ganhou uma legião de condicionados e perdeu a capacidade de continuamente observar a realidade sem modelos mentais preestabelecidos, bem como perdeu a capacidade de se adaptar com agilidade ao contexto. Resultado: literalmente parou no tempo. É como se em vez de observar o mundo como um filme, vê-se o mundo como uma foto, tirada 50 anos atrás, e se crê ser essa a realidade.

É a prisão a modelos mentais limitantes que, em algum momento, inibe o potencial da organização. Na verdade, o que ocorre é que aquela empresa perdeu o seu contato com a realidade. O modelo mental é como uma lente que coloco em cima da realidade, uma vez cristalizado, não questiono mais, olho o mundo sempre com esta lente.

Percebe, então, que não existe necessidade de mudança alguma, e esta só existe àqueles que estão presos a modelos mentais preestabelecidos? A pessoa, ou organização, que é capaz de observar a realidade continuamente, de forma genuína, sem se identificar com o passado, está livre da necessidade de mudança, pois é como água, está sempre se adaptando ao fluxo do rio, como disse Bruce Lee.

Entretanto, como nossa sociedade está condicionada a ver o mundo de forma dual, querendo sempre achar o certo e o errado, a cultura das organizações está sendo criada a partir dessa perspectiva de realidade. Logo, tendem a viver em ciclos de crise de tempos em tempos, ora por um lado, ora por outro.

É natural que seja difícil um auto diagnóstico com os parâmetros que comento, pois um fenômeno a ocorrer quando atuamos com a mente dual, é que, ao definirmos algo como certo, por exemplo, ter qualidade é certo, nossa mente tende a negar tudo aquilo que prejudica a qualidade. É como se ao dizer para a mente que qualidade é bom, tudo aquilo que prejudica a qualidade é ruim e, portanto, eu nego. E o poder de negação é tamanho que muitas vezes aquele elemento passa a não existir. E, sim, isso pode parecer um exagero, mas não é.

Ora, como consigo então ver o que não existe? Por isso o exercício de diagnóstico do Lobo cultural de uma organização demanda um olhar neutro, de mentes desapegadas, capazes de perceber o que não está sendo visto. Ao mesmo tempo, não se trata de algo que "apenas especialistas" conseguem fazer. Trata-se apenas de que é preciso uma mente não condicionada para enxergar o que está sendo negado. É ao mesmo tempo simples e desafiador. Mas, uma vez visto, parece tão óbvio quanto qualquer objeto que esteja a sua frente.

Um caso com o qual nos deparamos foi o de uma organização atuante no mercado de varejo de cosméticos. Essa empresa obteve um crescimento exponencial em muito pouco tempo, chegando a um faturamento de R$ 2 bilhões em um período aproximado de 3 a 4 anos, tendo partido de R$ 200 milhões. Ao investigar um traço de cultura impregnado naquele contexto, por ter sido fundamental para o sucesso da empresa, encontramos: "agilidade".

Não faltam evidências ao longo da história da companhia para comprovar a contribuição que a agilidade trouxe e traz para o sucesso no negócio. A própria alta liderança se orgulha em dizer que as decisões são tomadas sempre com muita agilidade e pouca hierarquia.

Entretanto, reconhecem que algumas questões começam a preocupar e colocam em cheque o futuro do negócio, entre elas:

1. Alta dependência e baixa capacidade de assegurar fidelidade de canais externos de vendas;
2. Ciência do expressivo crescimento do faturamento, mas cegueira quanto à condição econômica do negócio (estamos dando lucro?);
3. Forte expansão internacional, sem clareza sobre padrões básicos de gestão (Qual estrutura? Qual perfil dos profissionais? Qual modelo de contratação? Qual oferta de remuneração?);
4. Risco de operar como monocanal de vendas, sem clareza sobre intenção e possibilidade de desenvolver novos canais.

Parece evidente que boa parte das dilemáticas organizacionais poderiam ser resolvidas incorporando um novo elemento na cultura: "planejamento". E por que algo aparentemente tão óbvio não é percebido ou adotado? É aí que o Lobo entra. Ao escolher de forma linear o traço cultural "agilidade", a organização, de forma inconsciente, tornou nefasto qualquer elemento que prejudicasse a agilidade, nesse caso o "planejamento". Essa cultura observa apenas um lado da moeda da "agilidade", o lado que ela considera bom, ao mesmo tempo que ela rejeita qualquer coisa que prejudique a tão idolatrada "agilidade", como o "planejamento", ou seja, observa apenas o lado nefasto do "planejamento".

O Lobo nesse caso é o "planejamento", porém, não basta simplesmente reconhecê-lo, ele precisa ser de fato incluído na cultura. É preciso, primeiro, uma desidentificação da "agilidade" para que o "planejamento" possa coexistir.

O desafio é que não se trata de um aspecto analítico. Tivemos experiências com clientes nas quais vimos o Lobo, e, analiticamente, explicamos a eles. Resultado, eles entenderam, mas não viram, e entender os deixou exatamente no mesmo lugar. É preciso que algo maior aconteça, uma verdadeira ampliação de consciência, não apenas um entender. Entender é como uma receita de uma dieta, você entende, mas se você não enxerga por que está obeso, nenhuma ou todas as receitas estarão certas.

Este tem sido o segundo passo mais cuidadoso que estamos observando, como ajudar as organizações a verdadeiramente ver o que é negado, o que está oculto, o que é proibido e está limitando o potencial desse sistema vivo?

Mais à frente contarei alguns casos da força que há quando o que é negado é visto, basta ver, ver basta. Ver é o movimento todo, não é necessário nenhum plano, nenhuma ação, o ver é o agir. É incrivelmente lindo e poderoso. Nasce uma explosão de possibilidades. A liberdade volta a existir.

O Lobo como força limitadora

4

"O que negas te subordina. O que aceitas te transforma"

CARL GUSTAV JUNG

Analogamente a esta conversa, e enquanto me preparava para escrever este livro, me deparei com um depoimento na rede social de uma amiga, ao qual li extasiado. Compartilho na íntegra:

Por muito tempo sofri de uma paralisia chamada "medo do papel em branco". O chamado para o desenho, a pintura, a arte era nítido e claro, mas eu era incapaz de atendê-lo, dominada pelo receio de me expressar, de "errar". Uma necessidade insana de perfeição, como se houvesse a necessidade da minha arte ser perfeita para alguém. E como se todo artista não tivesse que ter milhares de horas de prática para conseguir se aperfeiçoar.

Mas eu não me dava ao menos a chance de tentar. O elo com meu passado de tardes desenhando estava rompido e nem sei ao certo quando isso ocorreu. Travei uma luta interna que perdurou anos, e foram batalhas muito difíceis, apenas por não dar gesto à voz da minha alma.

Um dia cansei. E resolvi virar a chave. E me coloquei à disposição desse chamado. Eu era daquelas que pensam que "tudo que tem que ser feito merece ser bem feito". Ouvi isso, ironicamente, da professora de artes do colégio e essa sentença (no duplo sentido), colou em mim.

Me despi desse conceito e criei um novo: "antes o feio feito do que o perfeito nunca feito". E então comecei a gostar de aprender com cada "erro". E comecei, rapidamente, a me surpreender com os resultados. E fiquei em paz, tudo ficou mais leve.

Hoje não tenho mais medo da tela em branco, porque sei que ela não está vazia. Está repleta de oportunidades ali, só me aguardando.

Quando a gente ouve o chamado interno tudo conspira a nosso favor, o rio da vida corre livre. Represar esse rio é contra o fluxo natural da vida. Se está difícil é porque não é o seu caminho. Pare. Ouça. Obedeça. E seja feliz.

Quem assina é Paola Sansão. Me emociono ao ler, assim como me emociono ao ver o movimento de alguns clientes, corajosos de olhar para aquilo que negam, para aquilo que temem.

Note a sensibilidade e a coragem da Paola ao reconhecer que aquele modelo mental ao qual ela havia se identificado, "tudo que tem que ser feito, merece ser bem feito", estava limitando seu potencial. Ela não havia deixado de lado o interesse e dom para a arte. Paola se formou em Design Gráfico pela FAAP e fez pós-graduação em Design de Embalagens pela ESPM, e há anos empreendia na agência que fundou, desenvolvendo criações diversas para empresas, sempre respeitando o modelo mental de fazer tudo bem feito. E teve sucesso.

Entretanto, foi capaz de sentir que algo ainda estava incompleto. E foi corajosa em encarar aquilo que negava. No seu modelo mental limitante, não havia espaço para o "imperfeito". Era proibido, não podia existir e, por isso, ela até conseguia desenvolver "peças publicitárias", mas não ousava pintar artisticamente.

Então, ela acolheu o imperfeito e ressignificou seu modelo mental: "antes o feio feito, do que o perfeito não feito". O resultado: a Paola é a artista quem ilustrou a capa deste livro. Lindo, né?! No dia em que li esse depoimento, senti que este lugar era dela. Ela descrevia exatamente o movimento de libertação do que chamo de Lobo. Que linda sincronicidade. Ninguém poderia ter tanta sensibilidade quanto ela para expressar o Lobo, afinal ela tinha visto o dela.

É claro que a capa deste livro é apenas uma mínima parte do resultado do movimento dela em acolher o que negava. Em pouquíssimo tempo depois de libertar a artista que havia presa em uma publicitária, Paola passou a ser convidada para expor e vender sua arte. Hoje, concilia a agência com seus vernissages. Incrível, não?!

Mas assim é! Acolher o Lobo é um movimento de libertação que gera resultados inesperáveis. Como ela mesma descreve, é um movimento que libera o fluxo natural daquele sistema. Quem poderia imaginar que ao reintroduzir os lobos no Parque de Yellowstone, os rios iriam mudar o seu rumo?

Liberar o potencial latente de uma organização significa inclusive estar preparado para o inesperado. Assim se revela a vida. Um constante observar para o que é. Um constante movimento presente. Se abertos a essa realidade, espere apenas abundância.

Por que mudanças falham?

5

"Nós não podemos resolver um problema com o mesmo estado mental que o criou"

ALBERT EINSTEIN

Líderes estão acostumados a conduzir mudanças "estratégicas": analisam possibilidades, definem um caminho, desenham um plano e criam uma narrativa e mecanismos de reforço para influenciar as pessoas a seguir em determinada direção. Há um grande esforço e suor na execução. Veja, aqui há dois riscos a observar.

Primeiro, tal modelo cria dois papéis, alguém que define a direção e alguém que executa. No extremo é dizer: "eu não confio que vocês tenham condição de definir o caminho a seguir, por isso eu defino". A limitação aqui é que, com o tempo, as pessoas se acostumam com seus papéis de "meros executores" e ficam aguardando novas diretrizes para fazer as coisas diferentes. É neste ponto em que se perde o senso de dono, de conexão e responsabilização das pessoas com o todo. Em última análise é dizer, "Eu mando, vocês obedecem".

Claro que em alguns momentos de emergência, esse estilo mais coercitivo pode ser necessário, quando uma empresa está na UTI não há muito espaço para opiniões. Mas esse formato é tradicional nas corporações. E o que se cria, inconscientemente, é uma cultura de execução, e até de vitimização.

As pessoas que aceitam os mandatos de execução, que se desdobram tipicamente em metas, sentem-se não responsáveis pela decisão do caminho em si, e seguem cumprindo metas, criam uma cultura medíocre, sem inovação, sem provocação, sem troca. Não são estimuladas a perceber o todo, a acessarem a realidade, fazem o que estão sendo pedidas a fazer, e isso basta. Não à toa as organizações hoje em dia têm dificuldade de inovar, há um exército de executores esperando a decisão de alguém para executar. Não se estimulou o pensar junto, a confiança no olhar do outro etc. Em curto prazo, há um claro ganho de se negar a confiança e se valorizar o controle. Em longo prazo, cria-se um exército sem mente, coração, sentido de direção, sem propósito.

Segundo, uma mudança de cultura não é algo meramente mental: estávamos indo para lá, agora vamos para cá. Mudanças estratégicas têm uma condição mais mental, são algo que, se fez sentido, basta um plano e um esforço de execução, pois já existem boas chances de funcionar. Isso ocorre porque não há nada submerso nas pessoas que as impeça de se mover. Não há um "não", ou um freio que as limite. Entretanto, praticamente todas as mudanças são conduzidas nesse formato.

Ocorre que raramente se dedica tempo para avaliar em que medida a mudança é apenas estratégica ou cultural. Transformações culturais possuem uma natureza muito mais profunda. Não se trata apenas de uma nova meta ou uma nova direção. Estar diante de uma mudança cultural significa estar diante de novas ideias que conflitam com verdades que já são resíduos de sucesso no passado. Como precisar de inovação, mas ter anos valorizando por anos o controle e a execução. Como precisar de planejamento, mas ter vivido décadas valorizando a agilidade. Como precisar de rentabilidade, mas ter sempre valorizado a qualidade a qualquer custo. Como precisar reconectar as pessoas a um propósito maior, mas ter vivido anos valorizando o retorno para o acionista. Vê?!

Assim, uma mudança cultural é o maior exercício de inovação de uma corporação pois, nela, são os modelos mentais conflitantes que estão em jogo em um campo no qual não há certo e errado. Ou melhor, há em geral muita certeza sobre os sucessos vividos no passado e, portanto, uma enorme dificuldade de se abrir ao novo.

Me recordo de um encontro com alguns clientes, em que dialogávamos sobre cultura organizacional. Ali duas de nossas clientes resumiam seus aprendizados, olhando para trás e vendo a jornada que viveram, dizendo: "Não planejamos a mudança da cultura, não criamos um projeto chamado Transformação ou Evolução Cultural, a mudança começou à medida que percebemos as limitações e chamando a atenção das pessoas para os modelos mentais limitantes e a consciência de uma nova possibilidade".

Quase que imediatamente outra executiva de recursos humanos revelou em tom de frustração: "Puxa, nós investimos uma fortuna em um projeto de transformação cultural de dois anos, e nada mudou. Pior, agora não podemos nem falar sobre o tema cultura, pois já virou motivo de chacota dentro da empresa".

Não é dizer que para mudar cultura não se pode conceber um projeto com esse nome. Mas reconhecer que, em geral, os projetos possuem uma estrutura fixa, com passos pré-definidos e raramente esses passos representam convites para se perceber a raiz cultural que, eventualmente, limite a organização de responder à realidade emergente. É curioso, pois ao mesmo tempo em que há essa consciência, há uma resistência enorme em encarar a realidade.

Há pouco tempo, em um almoço com um amigo, primeiro executivo de recursos humanos em uma multinacional, ouvi dele um *feedback* sobre o motivo pelo qual acreditava a minha equipe não ter sido vencedora na concorrência para um projeto intitulado Change Management. Ele me disse: "É preciso ser mais professoral, dizer quais são os passos da mudança. Eu vejo que não é bem assim, mas quem venceu trouxe um passo a passo para chegar à mudança que esperamos".

Sim, reconhecemos que o modelo mental exige respostas, dizer: "Eu sei como você deve emagrecer". É isso que as empresas compram hoje, fórmulas de sucesso prontas. Nosso desafio, digo isso a todos nós que somos agentes de transformação, é reconhecer essa limitação, acolhê-la e encontrar um lugar para atuar que a ressignifique. Não é simples, mas é a realidade. Esse mesmo amigo me sugeriu: "Vocês devem oferecer uma proposta em um tom mais professoral, depois que estiverem dentro, adotam o estilo mais 'vamos juntos'".

Mas se já é sabido que mudanças no modelo "preciso sair de A e ir para B e tenho um plano para isso" tendem a fracassar, como mostram muitos estudos, inclusive, como atuar em transformações de forma orgânica, abertos ao não saber, em uma página mais em branco do que cheia de passos?

Grandes cientistas, artistas, inventores e terapeutas assim o são, pois se colocam nesse estado paradoxal de saber, não sabendo. Bert Hellinger chama isso de "o respeito pelo mistério". Ou seja, quando tudo o que sabemos é insuficiente para revelar a "solução", devemos nos colocar no lugar do "saber, não sabendo", um lugar aparentemente paradoxal que combina autoconfiança e humildade. Dali nasce o novo, na verdade ele não nasce, ele já estava ali, apenas se revela. Nós não o víamos pois estávamos "cegos" em nossos próprios modelos mentais, presos no que passou. Essa humildade-autoconfiante é justamente o processo de permitir-se observar o todo e não apenas a parte. O profundo e não apenas a superfície. A raiz e não apenas o sintoma.

Peter Senge, Otto Scharmer e seus colegas criaram uma teoria para explicar esse evento, a Teoria U. Vejo-a como um convite para um mergulho no "desconhecido", antes de emergir com qualquer solução.

Dada a pressão vivida nas organizações, as inovações ou soluções possuem um formato linear, parte-se de um ponto A para um ponto B, em linha reta. Chega-se a uma conclusão ou ideia ainda dentro do mesmo problema. Ocorre que, em geral, a "solução" tende a ser logicamente boa e mostra algum resultado em curto prazo.

Entretanto, estando ela dentro do mesmo modelo mental, logo renascerá com um "novo problema" e, assim, sucessivamente.

Eu diria que quase todas as ações realizadas pelas empresas nos dias de hoje possuem essa característica linear, sejam estratégicas em longo prazo, projetos de cultura organizacional ou problemas de menor espectro.

O desafio é que, como o próprio Hellinger diz, "alguns não suportam isso". Eu diria que ele foi generoso (e como é...), pois a minha experiência mostra que muitos não suportam isso.

Há dois elementos sobre os quais irei detalhar mais para frente, porém já merecem a nossa atenção. Olhemos o suposto paradoxo que estamos analisando, o "saber, sem saber". Como é possível saber, sem saber? Pois bem, esse é o primeiro elemento que convido a ser observado agora.

Fomos condicionados a formar modelos mentais binários, isso ou aquilo. Nos "paradoxos das virtudes " há sempre dois elementos que parecem incompatíveis, mas cuja potência vem justamente da apreciação dos dois juntos.

Em todos os paradoxos que já nos deparamos, encontramos um mesmo padrão, um elemento masculino, outro feminino. Neste não é diferente: a autoconfiança do "saber" em conjunto com a humildade do "não saber". Notem qual é o elemento predominante: qual é o modelo mental instalado? Autoconfiança, o saber. Qual sua natureza? Masculina. Qual é o medo? Entregar-se ao feminino. Não à toa estamos diante de uma cultura milenar masculinizada e em mais um movimento pendular de "ou", ou seja, uma batalha feminista.

Solucionar problemas complexos, sem revisitar modelos mentais, é como costurar uma roupa para um adulto, com todas as dimensões de uma criança, ela nunca servirá. Talvez um exemplo que muitos de nós já experimentamos é retornar a um lugar em que deixou de ir quando era muito pequeno. Em geral, é uma sensação de que o lugar diminuiu.

Em sistemas vivos, a complexidade é ainda maior, pois não se trata apenas de tamanho, todo o sistema evolui a cada instante, portanto, inovar nada mais é do que observar o presente e as oportunidades que nele estão. Em tese, nenhuma transformação ou inovação seria necessária se nossas capacidades de observação e ação estivessem apenas no presente. Entretanto, uma inovação quando se torna "útil", me refiro aqui por exemplo a um novo produto e serviço, geralmente fora criada com um olhar presente.

Note que quando o produto entra no mercado e começa a crescer, em geral o foco de atenção da empresa deixa de estar no "observar o presente" e passa a ser "construir condições" para produzir e vender o produto de forma mais rápida e barata. Esse ciclo resume o movimento das organizações tradicionais.

Toda a organização é estruturada para ganhar eficiência, anos de trabalhos, centenas de projetos, significativos ganhos de eficiência, crescimento de vendas exponenciais, valor das ações nas alturas. E muitas vezes tudo isso ocorre e depois de algum tempo (a cada dia com ciclos menores), um sintoma aparece: vendas caindo ou margem comprometida ou uma combinação pior e mais complexa. Nesse momento, começa a nascer uma série de iniciativas para recuperar o negócio, na maioria das vezes, soluções que até olham para o "mercado atual", mas que raramente miram o presente dos modelos mentais. Em suma, costuramos uma roupa de adulto, com as dimensões de uma criança.

O que observo é que, mesmo as empresas tidas como inovadoras, conseguem, sim, ser mais rápidas em adaptar produtos e chamar isso de inovação. Entretanto, continuam presas aos mesmos modelos mentais. Isso porque há uma força do sistema que as faz inconscientemente buscar pela mesma coisa: previsibilidade, fazer mais com menos, maximização do retorno. Enquanto esse modelo mental for predominante, veremos novas Kodaks sendo criadas, apenas com ciclos mais rápidos, dada a evolução da tecnologia.

Não há aqui nenhuma proposta para solucionar o problema de longevidade das empresas, que, seguramente, tem relação com sua capacidade de "manter-se no presente". Mas há uma quase constatação de que assim como tudo que é vivo nasce, cresce e morre, é esperado que uma organização, como um mercado etc., também tenha este ciclo. E esse é outro grande paradigma da nossa sociedade. A morte de uma empresa ou de uma indústria são tidas como fracassos. Elas continuarão seguindo seu ciclo e chegarão ao seu fim.

Assim como a medicina tem a proposta de prolongar vidas, a ciência das organizações (me nego a chamar de ciência da gestão, pois gestão é controle) também pode se propor a estudar e entender os ciclos de sistemas organizacionais e contribuir para que seja ou mais duradouro ou que a vida seja mais prazerosa, ou as duas coisas juntas.

É somente a partir do diálogo franco que novos modelos mentais podem ser construídos. Essa franqueza pressupõe vulnerabilidade; compartilhar medos, erros, opiniões diferenças. E, acima de tudo, abrir-se para um estado de não saber. O novo "nasce" desse estado. Em geral o sentimento inicial é de impotência, mas como numa alquimia, a impotência se transforma em uma energia mobilizadora e em um potencial latente de realização.

A mudança de cultura sem o mergulho, o diálogo e a ressignificação dos modelos mentais que regem o sistema organizacional é como um estupro. Na prática, os líderes de hoje não estão preparados para conduzir mudanças culturais, ao contrário, espaços de diálogo aberto sobre crenças e modelos mentais são percebidos como irrelevantes ou até desconexos do negócio. Como descrito no livro *Teoria U*, a devastadora maioria dos modelos de ensino se baseiam pelos aprendizados do passado (*plan, do, check, act*, em uma tradução livre do inglês para o português: planejar, fazer, checar, ajustar).

Na dinâmica do mundo atual, o aprendizado precisa vir não apenas do passado, mas também de sentir e equalizar o futuro emergente. Esse futuro emergente está na verdade, no presente.

Nenhuma transformação verdadeira ocorre de fora para dentro

6

"De nada servem as revoluções sociais e culturais, se primeiro não há uma revolução interior"

JIDDU KRISHNAMURTI

Como vimos, as organizações estão presas a um modelo que defino como "mudança pelo Power Point". Apresenta-se um longo documento, repleto de análises e conclusões, que indicam racionalmente a necessidade da mudança. E desse momento em diante, todos são obrigados a concordar com a nova proposta, o novo caminho.

Nenhuma negação sobre o valor do racional. Se a transformação não fere verdades que são resíduos de sucesso no passado, vejo boas chances de se concretizar.

Essa mudança, que classifico como estratégica, pode ser significativa, até demandar muito esforço, investimento, uma série de iniciativas, mas se não esbarrar em uma verdade estabelecida, tem mais chances de êxito. Nesses casos, eu diria que, de fato, o esforço pode estar em clarificar a direção e assegurar a execução. Se a empresa tem essa capacidade, provavelmente atingirá o movimento almejado.

Ocorre que raramente uma mudança mais significativa não esbarra em alguma verdade já estabelecida. E é aí que as coisas ficam mais complexas. Nesses casos, um Power Point lindamente preparado, analiticamente perfeito e com a chancela de uma renomada consultoria terá menos chances de êxito. É neste ponto em que uma mudança deixa de ser apenas estratégica, e passa a ser cultural.

Sim, eu estou dizendo que uma mudança cultural é potencial e significativamente mais desafiadora do que uma mudança estratégica, embora as escolas de negócios conheçam muito pouco sobre esse tema e, portanto, formem executivos e consultores condicionados ao modelo analítico. Como se para mudar bastasse criar o *case for change* (caso para a mudança) como é regularmente aprendido.

Uma mudança conduzida de fora para dentro é análoga a um abuso, podendo-se chegar a um estupro. Nada mais é do que submeter uma pessoa a fazer algo que ela mesma não tem vontade, mas que satisfaz à necessidade ou interesse de outra pessoa. É assim que são conduzidas a maioria, se não todos, dos processos desse tipo na atualidade.

É natural que haja situações em que digo que a organização está na UTI, tenha risco de perder os sentidos vitais. Assim como em um hospital, um paciente na UTI demanda cuidados primários para recuperar as funções vitais. Há sim a necessidade de uma intervenção mais radical, pouco espaço para diálogo, um estilo de gestão coercitivo e modelador, afinal, há que se recuperar primeiro as funções vitais. Há consultorias e profissionais especializados nessas intervenções, assim como há médicos intencionistas, que geralmente têm perfil bem diferente de médicos de ambulatório. Entretanto, passado o risco de vida, fosse então necessário cuidar ou até a investigar, de forma mais profunda e cuidadosa, a causa.

No nosso dia a dia como consultoria, raramente nos deparamos com situações de empresas que estejam na UTI, até porque são somos conhecidos como intencionistas. Em geral, as empresas estão apresentando resultados, mas reconhecem poder ir além. Em situações assim, há um espaço razoável de tempo para se trabalhar questões mais profundas e realizar um movimento que permita às pessoas entenderem a necessidade de mudança e não apenas que sejam obrigadas a mudar.

A cultura de uma organização é um convite, sutil, mas um convite. E assim deve ser o processo. À medida que as pessoas vão reconhecendo esse chamado, devem se sentir à vontade em aceitá-lo ou não. Diferente disso, é um abuso. E note que para existir um abusado, precisa existir um abusador. Esse é um dos tópicos mais poderosos quando olhamos para sistemas e padrões que se repetem. Há uma tendência muito natural e cômoda das pessoas (colaboradores) de se colocarem como vítimas da cultura. Sim, há uma força social para isso. Entretanto, sem se perceberem assim, dificilmente vão encontrar a força necessária que dará movimento para a mudança.

Outra opção, é enxergar a limitação sistêmica a partir do reconhecimento da contribuição de cada um para a perpetuidade desse padrão. Basta reconhecer que sem abusador não há abusado, e assim tenho a escolha de deixar de cumprir com um papel sistêmico, assumindo o protagonismo, mobilizado a mudar.

Vamos refletir um pouco sobre essas duas possibilidades e suas implicações.

A - Mudança de fora para dentro

Aqui o olhar é de vítima, de um ser que entende que seu papel é receber um mandato e cumpri-lo. A observação da realidade é rasa, e, por isso, tende a ser excessivamente no outro. Como não tenho consciência aprofundada de quem sou, busco no outro (competidor) a referência. O comportamento aqui é mecânico, e a consequência esperada é o condicionamento ao modelo mental habitual, que em geral nem é conhecido, muito menos dialogado.

É este lugar em que está a maioria das organizações. E é deste lugar que os líderes são formados. Aqui se encontra o chamado líder corporativo, o líder condicionado. E esta é a cultura hipócrita, fraca, mental. Aqui a cultura é ou subvalorizada ou ignorada ou hipócrita.

Nesse contexto, a clara intensão é condicionar, não conscientizar e, como consequência, trabalha-se fortemente nos ajustes do que chamamos de Mecanismos de Reforço, que são recursos capazes de sinalizar, estimular e reforçar o comportamento esperado. Por exemplo: modelo de incentivo e remuneração, definição de competências que sinalizem os comportamentos esperados, treinamentos que ajudem pessoas a entender o que se espera delas, estrutura organizacional e governança etc.

O movimento de fora para dentro é o condicionante, no qual cria-se estímulo para as pessoas mudarem comportamentos e, consequentemente, espera-se que elas troquem seus modelos mentais. Em um esquema, funciona assim:

Mecanismo de Reforço (estímulo)
↓
Comportamento
↓
Modelo Mental (resultado)

Note que para este modelo se sustentar é necessário ao menos dois papéis. É preciso alguém que se coloque no lugar de vítima, a qual deve se conformar com algo, e é indispensável alguém que diga o que deve ser feito. Enquanto houver alguém disposto a seguir o que está sendo dito e outro disposto a dizer o que fazer, este sistema de mudança pouco produtivo continuará persistindo nas organizações.

Há também uma grande desordem sistêmica, pois a há um maior e um menor, não no sentido de papéis e responsabilidades, mas no sentido humano. Aqui eu olho para o outro como menor e digo a ele o que deve fazer. Na prática, em muitos casos, eu não apenas diminuo o outro, eu anulo ele. Aqui potencialmente as pessoas deixam de existir, são meros números. As conversas são com base nos indicadores, e enquanto estiverem ao contento do que alguém definiu como adequado, serão recursos com valor. Percebe a origem do nome Recursos Humanos?

B – Mudança de dentro para fora

O olhar aqui é de alguém como protagonista de si mesmo, um ser autônomo e pensante, um ser consciente, que observa o mundo, reflete e faz escolhas a partir de como observa este mundo (modelo mental) e a partir destas escolhas ele constrói o mundo que acredita (mecanismos de reforço). Este é o líder consciente. E esta é a cultura consciente e coesa. Aqui o líder não atua apenas para influenciar o mercado. Ele atua para construir um "solo fértil" dentro e fora da organização. Aqui a cultura é um convite.

Percebe a diferença? Um líder que observa constantemente o mundo, sem se identificar com seus comportamentos, é capaz de convidar pessoas à mesma observação. Ele não tem medo, faz um chamado aberto, pois está verdadeiramente disposto a dialogar. E se alguém apontar algo que não havia sido notado, ele recebe como um presente. É assim que ele vive na verdade, observando e buscando apontar o que vê.

Por entender o poder mobilizador que existe quando mais pessoas veem a mesma coisa, e, portanto, precisam evoluir, este é o constante exercício dele: apontar para o que vê, como uma forma de continuamente chamar pessoas ao movimento.

Assim, ele não cria mecanismos de reforço para condicionar os outros a acreditarem no que ele vê. Mas dialoga recorrentemente sobre sua visão de mundo, e assim todos passam a ter mesma perspectiva, espontaneamente e verdadeiramente comum. Claro que haverá mecanismos de reforço, mas serão de um lugar muito autêntico e alinhado à verdade daquele sistema. E como é vivo, pode ser desconstruído a qualquer momento se não fizer mais sentido.

Portanto, o movimento de dentro para fora parte justamente do diálogo sobre a visão de mundo. Acontece exatamente quando as pessoas são capazes de ver a realidade e não mudam porque são obrigadas, mudam simplesmente porque já não conseguem ficar mais no mesmo lugar. E juntas, adotam, voluntariamente, comportamentos alinhados, e desenham mecanismos de reforços como resultado dessa disposição.

Na mudança de dentro para fora, o esquema é assim:

Modelo Mental (estímulo)
⬇
Comportamento
⬇
Mecanismos de Reforço (resultado)

Este é o espaço no qual todos são líderes. Líderes acima de tudo e de si mesmos. Independentemente de suas funções dentro da organização, são pessoas conscientes, protagonistas e não vítimas. Note que para este sistema se sustentar, não cabem vítimas, nem ditadores. Ele se mantém com líderes de si mesmos, observadores constantes da realidade, pessoas que, mesmo jovens, são maduras, pois não são crianças. Não se deixam infantilizar. Aqui temos um sistema adulto, não há espaço para pai e filhos.

É um lugar do qual eu olho para o outro do mesmo tamanho, sem levar em conta cargos, eu acolho e aceito o que está sendo recebido. Eu não diminuo a contribuição e percepção das pessoas em função de seus cargos. É sabido que as pessoas têm cargos e responsabilidades diferentes, mas isso não invalida o olhar de iguais. Percebe?

O modelo mental das organizações é segue a perspectiva "pai versus filho". Fica apenas uma reflexão, para caso haja alguém fazendo um papel de pai: é preciso alguém que faça o papel de filho. Faça suas escolhas.

Organizações como um sistema complexo e vivo – a parte e o todo

7

"Um sistema vivo se recria continuamente. Mas o modo como isso ocorre em sistemas sociais como as instituições globais depende de nosso nível de consciência, tanto individual quanto coletivamente"[1]

TRECHO DO LIVRO PRESENÇA – PROPÓSITO HUMANO E O CAMPO DO FUTURO

A menor parte conhecida da matéria é o átomo. Divida um centímetro por cem milhões e chegue ao tamanho do átomo. Os átomos se unem uns aos outros por ligações químicas e formam o próximo nível hierárquico, as moléculas. Estas moléculas se unem e formam a célula. Não existe nenhum ser vivo que não tenham ao menos uma célula.

Por sua vez, os organismos multicelulares, juntos, viram um tecido. Os diversos tecidos formam um órgão. Os órgãos se unem para constituir um sistema. Os sistemas formam um organismo complexo, a exemplo do ser humano.

Um grupo de organismos de mesma espécie origina uma população. Um grupo de populações de diferentes espécies formam uma comunidade. As comunidades interagem com sistemas não vivos e viram um ecossistema. A união de ecossistemas forma a Biosfera.

Esse é o resumo de uma aula de biologia disponível na internet, didática o suficiente para uma criança de 7 ou 8 anos compreender. Ainda que nossa mente esteja condicionada a perceber tudo em partes, basta um parágrafo de dez linhas compreensível a uma criança para que, no mínimo, renasça uma curiosidade. Para não dizer um encantamento, um maravilhamento.

Em qual matemática 1 + 1 = 1? No momento da nossa criação, duas células se juntaram e formaram uma única. Nenhuma mente inteligente no mundo é mais inteligente do que a sabedoria universal. Uma mente querer superar a sabedoria universal é como uma gota do oceano querer ser o oceano. Embora a gota possua

---

[1] *Presença – Propósito Humano e o Campo do Futuro*. Peter Senge, C. Otto Scharmer, Joseph Jaworski e Betty Sue Flowers, Editura Cultrix

exatamente a mesma essência, ela jamais será o oceano. Ao mesmo tempo em que ela é parte desse oceano, quando oceano, deixa de ser gota.

É com esse olhar de maravilhamento que convido para a ampliação da nossa percepção de organismos vivos, que estão todos intimamente conectados uns aos outros, formando um único organismo.

Assim "tudo está em tudo".

Me recordo de um momento durante minha jornada pelo Caminho de Santiago de Compostela, em que olhei para o lado e vi um senhor ajoelhado na sua terra, em um povoado rural na Espanha, provavelmente colhendo ou plantando algo. Ele se movia como alguém que fazia aquilo com frequência, tinha um domínio e uma tranquilidade. Era uma atividade como que rotineira na vida daquele senhor, dava para perceber.

Me veio muito forte naquele momento um maravilhamento, parecia que através daquele senhor eu percebia toda a impressionante ordem do mundo e do universo. Estava evidente ali a conexão de tudo com todos. De onde vinha tanta inteligência?

Aquele senhor fazia de sua vida o plantar e colher, alguém, de certo, fazia de sua vida o comprar e distribuir, outro alguém, o processar e vender. Outro alguém, o distribuir e comercializar, outro alguém, o comprar e se alimentar, outro alguém, o armazenar e desprezar. Outro alguém, o preparar e adubar... e assim segue o ciclo infinito da vida.

Olhava para todos os lados e via cidades, carros, restaurantes, plantações, estradas e pessoas. Toda uma sociedade vivendo de forma harmônica e interdependente. Tudo tão perfeito, sincrônico, organizado. E cada um fazendo o seu papel. Cada papel trazendo a sua contribuição para o todo. E um todo funcionando a partir de cada parte.

Não nos damos conta desse milagre a todo momento. Como já mencionei, a criança entre os seus 2 e 3 anos de idade, toma consciência de si mesma. Note que até essa idade ela não se refere a si como "eu", ela se chama na terceira pessoa, geralmente pelo seu nome ou apelido.

Aqui ouço meu filho Felipe, dizendo: "Fefê vai passear. Fefê não quer. Fefê isso, Fefê aquilo". Até essa idade a criança ainda não se deu conta de que foi fisicamente separada de sua mãe. E quando ela se percebe separada da mãe, sua identidade começa a se formar. Tal identificação é o que a manterá inerte, adormecida, vivendo sob a ilusão da separação pelo tempo que for necessário, até que ela volte a perceber a realidade. E isso pode durar muito tempo, para muitos, uma vida toda.

O desenvolvimento da identidade, do ego, a afasta da percepção da realidade e com o tempo cria o indivíduo, individual, que crê precisar ser algo ou alguém, que acredita precisar lutar ou competir para sobreviver e que a vida é uma "luta diária". Esse é o que talvez possamos chamar de modelo mental marco zero, a crença de que somos indivíduos, separados uns dos outros, e que precisamos competir para sobreviver.

Muitos cientistas reforçam o modelo mental da separação e luta ao se referir sobre a existência e a sobrevivência. Na prática, vivemos presos dentro de nós mesmos. Ainda que haja esforços no sentido de valorizar a colaboração, a empatia, a ajuda ao próximo, vivemos em uma sociedade presa pelo ego.

Estamos entranhados em uma cultura mecanicista que nos faz querer a continuar percebendo o mundo de forma lógica, contínua e determinista. Neste mundo, quebramos os problemas em partes, em uma peça, e entendemos que assim como em um automóvel, se uma peça quebrar, basta arrumá-la ou substituí-la e o "todo" volta a funcionar.

Diferentemente dos automóveis, nos sistemas vivos as coisas são mais complexas, pois todas as partes estão vivas e, portanto, diferentes a cada instante. Entretanto, o modelo mental predominante em nossa sociedade é o de querer continuar percebendo o mundo de forma mecânica, continuada, previsível.

Olhe para a nossa medicina hoje, um tumor no útero possui uma boa quantidade de especialistas capazes de "liquidar" com o problema. Porém, quantos são capazes de observar o ser humano como um sistema vivo e complexo e se perguntar: o que permitiu este tumor aparecer aqui?

O resultado disso não poderia ser diferente nas organizações, que são apenas reflexo dos modelos mentais de quem as formam. Elas são concebidas sob a forte crença de que ser preciso competir para vencer. Ao dizer "não é o mais forte que sobrevive, nem o mais inteligente, mas o que melhor se adapta às mudanças", Darwin não promoveu qualquer alteração, nenhum modelo mental foi ressignificado, pois ele continuou apontando para aquilo que faz um indivíduo sobreviver, em detrimento de outro. A origem da pesquisa é a comparação, fruto da mentalidade de separação, que gera a competição: o melhor e o pior, o forte e o fraco, o superior e o inferior.

A busca por sobreviver é um grande mobilizador do ser humano. E não há nada de errado com essa necessidade, ela é um fato da existência.

Contudo, nossa sociedade está condicionada a acreditar apenas em uma sobrevivência egoica. Quando se pensa em sobrevivência em geral se pensa em um indivíduo, e não em uma sociedade, não em um sistema vivo mais amplo. Em última análise o ser humano luta em primeiro lugar pela sua própria vida, ainda que isso custe a vida de outro. A sociedade vive presa ao modelo mental: "antes ele do que eu".

Pensar sistemicamente pressupõe um modelo mental muito distinto, e distante do nível de consciência da sociedade atual. Pensar sistemicamente implica em não atribuir valor maior ou menor a qualquer parte do sistema, tudo é importante, tudo é parte de um todo e sem a parte não existe o todo. Para conseguir observar e entender um sistema vivo é necessário entrar disposto a "perder", ou até quem sabe, disposto a morrer. Deste lugar, na verdade, não há "perder" ou "ganhar", pois a pergunta soberana é: o que é necessário para o sistema sobreviver, e não apenas parte do sistema.

Imagine os seus órgãos, pulmões, coração, rins, bexiga, estomago etc., todos fazem parte de um aparelho vivo, o corpo humano. Se o corpo humano funcionasse como nossa sociedade vive, com o modelo mental: "antes ele do que eu", você acha que sequer teria nascido? Percebe que existe uma lei muito mais inteligente, poderosa e amorosa que rege esse sistema vivo?

Rudolf Steiner, pai da Antroposofia, é autor de uma analogia sobre sangue e dinheiro. Reforço que o sangue é o veículo pelo qual os órgãos fazem suas trocas. Pois bem, imagine se o coração operasse neste modelo mental "antes ele do que eu?", ele reteria todo o sangue para ele, viraria um super coração, mataria os demais organismos e consequentemente o corpo inteiro. Ou seja, mataria a si próprio.

Assim vive hoje a sociedade, presa pelo ego, interessada apenas naquilo que possa ser de seu interesse. Assim vivem as organizações, totalmente autocentradas, ensimesmadas, encapsuladas. Do mesmo modo, vive o indivíduo, prometendo o bem, desde que lhe faça bem. Ainda que esse bem seja apenas para a sua autoimagem: "Sou um altruísta!".

Há um falso sentimento de evolução. Na prática, as mudanças acontecem na superfície apenas e ninguém quer olhar para aquilo que está sendo negado. Ninguém quer olhar para o outro, não há consciência sistêmica de que o outro também faz parte desse "meu sistema", que, se ele não sobrevive, eu também morro.

Se identifico uma forma de extrair maior valor (dinheiro) de uma determinada indústria, sou notado como alguém de sucesso. Mais uma vez fica claro a cultura corporativa presa ao que foi sucesso no passado. Afinal, muitas gerações aprenderam assim... não é assim que faz?

Leia todos os livros de negócios e gestão no mundo inteiro. Foram 99% escritos a partir do mantra de "maximização de valor ao acionista". Os outros 1%, tidos como místicos ou utópicos, assim como este talvez também se encaixe.

O que observo é que as organizações passaram por dois estágios nessa falsa evolução de consciência sistêmica, porém, todas dentro do mesmo modelo mental "maximização de valor ao acionista".

Modelo mental não sistêmico

Visão sistêmica egocêntrica
Como extrair maior valor?

O primeiro estágio, ainda praticado em muitas organizações, é aquele em que há pouca ou nenhuma visão sistêmica. A companhia percebe apenas a si mesma. Há pouco ou nenhum diálogo com os demais participantes do sistema. Todo o esforço é feito no sentido de extrair o maior valor (financeiro) possível para si próprio, e isso basta.

Modelo mental sistêmico ensimesmado

O tempo passou, a globalização tornou-se realidade e forçou as organizações a observarem mais atentamente a sua cadeia. Um caso clássico, foi o que aconteceu com a Nike no início de século. Acusada de praticar trabalho escravo, a reação imediata da empresa foi dar de ombros. Disse que graças ao seu modelo de negócios, toda a produção era realizada por fornecedores independentes, e, portanto, nada tinha a ver com as políticas desses parceiros. O resultado é conhecido mundialmente, as ações da Nike na bolsa caíram. Instaurou-se ali um novo paradigma de corresponsabilização da cadeia.

Desse e outros fatos, surge um padrão, no qual as organizações passam a olhar para seus stakeholders (acionistas) de forma mais ampla. Note, entretanto, que tudo isso aconteceu sem que houvesse uma mudança no modelo mental central. "Maximizar valor ao acionista" continua sendo a ordem.

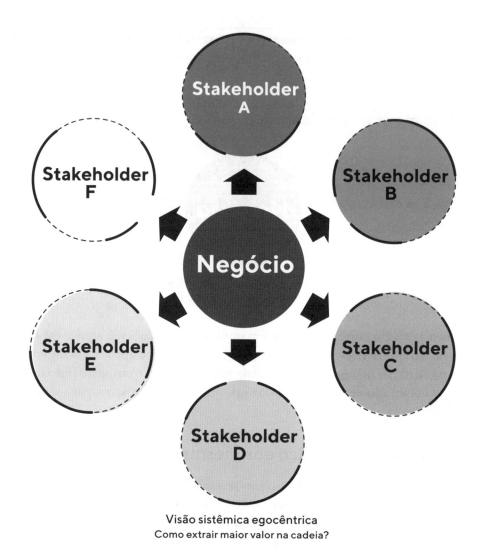

Visão sistêmica egocêntrica
Como extrair maior valor na cadeia?

Uma boa parte das organizações tem procurado se mover para este "novo padrão". Mas note que as mudanças só ocorreram no sentido de reforçar a necessidade em observar e estar cada vez mais próximo dos stakeholders, entretanto, com a mesma mentalidade de "extrair valor".

Modelo mental sistêmico aberto

Uma organização já é em si um organismo complexo, formado por pessoas com características distintas. A organização, por sua vez, faz parte de sistemas ainda mais intrincados. É ingênuo nos dias de hoje olhar para uma organização sem considerar onde está inserida. Da mesma forma, é ingênuo imaginar que os movimentos de transformação possam desconsiderar toda essa dinâmica.

Visão sistêmica orientada à um propósito
A qual propósito sirvo?

Ainda que as empresas queiram se dizer autoras e únicas decisores de sua cultura, isso é uma falácia. Mesmo que seja uma alteração absolutamente interna, toda e qualquer mudança organizacional é resultado de um intenção desse menor organismo de se equilibrar ao sistema ao qual pertence.

De fato, hoje tem sido recorrente empresas que se veem diante do desafio de se integrarem mais a seus parceiros de sistema. É um movimento tímido e temerário, pois o primeiro sentimento ao se propor a dialogar com pares no mercado é medo. Principalmente pela possibilidade de que um excesso de transparência revele demais ao outro e então, leve a empresa a "perder".

Me recordo de uma situação ocorrida em um cliente, na qual refletíamos sobre o sistema e a relação que a empresa mantinha com os demais membros daquele contexto. A reflexão revelava que lugar aquela organização olhava para os outros participantes. Ela, no centro, tentando influenciar a todos, tentando extrair valor de todos. Nenhuma novidade, na verdade. Esse é o padrão de praticamente todas as organizações.

O exercício começou a mexer com aquelas pessoas, que sentiram o impacto sistêmico de ficarem nessa posição. Ao mesmo tempo, elas se sentiam inertes. Não sabiam o que fazer. O "outro" era visto sempre como um inimigo, ou um "amigo até a segunda página". Como eles poderiam lidar com tal revelação? Como poderiam fazer diferente se aquela era a verdade?

Curioso ver o movimento que se propuseram fazer. Era uma empresa que atuava em um modelo de comercialização de empresa para empresa (B2B, do inglês *business to business*). Eles haviam concluído que seus preços estavam sendo questionados pelos seus clientes e que estes estavam fazendo escolhas por empresas que ofereciam serviço de aparente mesmo valor, a preços significativamente inferiores. Tinham consciência de que seus preços eram os mais altos do mercado e de que a indústria a qual pertenciam estava se dilacerando, aos poucos enfraquecendo.

Decidiram ir até seus principais clientes ouvir: "O que queriam?". Os clientes disseram querer dialogar, continuar com eles, mas precisavam principalmente repensar modelos de remuneração.

Os executivos voltaram para casa, pensaram em uma solução (*sozinhos*) e apresentaram aos seus consumidores.

Para nós, é irrelevante comentar sobre o resultado da negociação. Há algo muito mais importante a ser observado. O movimento de busca de solução foi feito de maneira independente, unilateral. Consegue perceber o padrão? Consegue imaginar o que motivou os empresários a desenharem uma "solução" entre quatro paredes, dentro de um "forte apache"? Da quase que para sentir o cheiro de medo no ar, ao revelar essa história.

E é assim que estão nossas organizações, nossa sociedade. Presas no interesse próprio. Incapazes de se abrirem à necessidade do outro. Incapazes de dialogarem.

Lembro-me de outra situação. Um cliente nos disse perceber a mesma necessidade de se aproximar e dialogar com os personagens de seu mercado. Inicialmente, tinha a intenção de criar um ritual de encontrar-se com os líderes seniores das principais empresas do sistema com regularidade para dialogarem abertamente sobre as questões de interesse comum. Como "se fosse um CEO Think Tank[2] daquele segmento", ele descrevia. Almoçávamos eu, o presidente dessa empresa e a Mari (minha sócia), que perguntou quase que retoricamente: "E seus concorrentes estarão presentes também, certo?".

Deu-se um silêncio na mesa. Naturalmente aquela estava longe de ser a ideia do executivo. Dialogamos sobre o tema, e ele acabou entendendo e concordando que convinha, claro, ter os concorrentes.

Dali fomos falar com uma empresa, potencial parceira, para executar tal evento. Na conversa com um executivo dessa companhia, que era especializada em eventos corporativos para executivos de alto nível, compartilhamos a ideia. Ele também teve dificuldade de entender que outros competidores participariam deste evento, mas após dialogarmos, pareceu compreender.

Digo pareceu, pois já quase no final da nossa conversa, eu estava animado com a possibilidade de criar esse espaço de diálogo, que via como algo potencialmente transformador para aquele sistema, ouço o seguinte comentário: "Precisamos garantir que o nosso cliente nos oriente claramente que resultados de negócios quer atingir, qual é a meta dele de vendas e como vamos medir que esse evento gerou tal adicional. É assim que trabalhamos, comprovando resultados" — disse o executivo bastante orgulhoso e seguro de si.

Percebe a prisão? Eu costumo dizer que essas situações são ao mesmo tempo frustrantes e muito didáticas. Estávamos nessa reunião eu, o diretor executivo da empresa e a Amélia, na ocasião nossa sócia. Lembro como nos olhamos naquele momento. Como quem dizia um ao outro: "Ele está preso, está cego, não conseguiu ver o alcance da proposta".

Nota o tamanho do condicionamento? A incapacidade que há de se ver algo que está sendo negado? Esses são exemplos explícitos, vividos na intimidade de grandes organizações e de profissionais de altíssimo nível e formação. Não foi

---

[2] CEO Think Tank é um serviço de consultoria para CEOs que oferece mentorias e estratégias realizadas por um time de conselheiros experientes no mercado.

apenas nas escolas de negócios que eles aprenderam a competir. Isso está presente e impregnado em praticamente todas as culturas da sociedade. Esta é a verdade soberana: é preciso competir para sobreviver, "antes ele (a fracassar) do que eu", "quem melhor se adapta, sobrevive", "maximização de valor ao acionista".

Sistemas fechados colocam o sangue (dinheiro) como o grande propósito da organização. Nenhum sistema fechado será capaz de construir uma cultura coesa com o sistema ao seu redor. Não haverá equilíbrio, não no sentido de distribuição em partes iguais, no sentido de ordenar o sistema. Quando o modelo mental é o de um sistema fechado, os valores são egocêntricos. Em sistemas que operam fechados, há um vencedor, há competição, há luta. Mas no fundo, quem vence, perde. Imagine o pulmão vencendo todo o sangue do sistema. Ele acredita que venceu, mas o indivíduo está morto. Um sistema fechado, ou ensimesmado, tem um desígnio muito claro: sangue. Em linguagem de negócios: retorno do capital.

Sistemas abertos constroem seus valores a partir do sistema inteiro. Para que isso seja possível, a empresa deve observar dois elementos:

1. Qual sistema ela faz parte?
2. Qual é o propósito desse sistema?

Veja o que ocorre com o corpo humano. Há diversos órgãos que possuem sua função específica, mas, ao mesmo tempo, todos são interdependentes e servem a um único propósito – a vida. Atuar em um sistema fechado é análogo aos órgãos definirem seus próprios propósitos e atuarem de forma independente. O coração, por exemplo, pode perceber que ele funciona melhor a 80-90 batimentos por minuto, desta forma ele se preserva e tem a sua "melhor performance". Assim, mesmo que o corpo comece a correr e precise que o coração bata mais rápido, o coração "dá de ombros" e fica batendo no seu próprio ritmo. Assim também ocorre dentro das próprias organizações, cada área atua para si, para cumprir a sua meta. Não há uma visão sistêmica e colaborativa, raramente as pessoas estão dispostas a abrir mão de suas metas para o melhor do todo, para o propósito maior da organização. Agora não é incrível observar que ninguém precisa dizer aos órgãos do corpo humano que eles operam para servir a algo maior? E quando uma célula, deixa de conversar com este todo, e passa a operar por si, temos uma célula cancerígena, e o resultado desta "escolha" já é conhecido. Ela pode comprometer todo o sistema. O que nos impede de operar de forma sistêmica, colaborativa e interdependente, não apenas dentro das organizações, mas com todo o ecossistema?

A era do falso propósito

8

"Ad Captandum vulgus, panem et circenses" (Para seduzir o povo, pão e circo)
TRECHO DA CARTA DO IMPERADOR ROMANO VESPASIANO A SEU FILHO TITO, 22 DE JUNHO DE 79 DC

Curiosamente nos dias de hoje as organizações parecem entrar em uma nova falsa evolução, a das empresas orientadas ao Propósito. Tida como última fronteira no engajamento (condicionamento) das pessoas.

Cansadas de serem meros servos, ou executores de uma estratégia, as pessoas querem se sentir contribuindo para algo mais. É claro que esse vazio tem uma origem muito mais profunda, séria e que merece análise. Contudo, as organizações olham para isso e querem, mais uma vez, se valer, ou se "adaptar" a esta "nova" realidade.

De fato, muito perceptível para mim nas conversas individuais e processos de coaching e terapias que tive e apliquei, a sociedade corporativa está esgotada. Os colaboradores voltaram a se enxergar como escravos de um sistema. Digo, voltam, pois Charles Chaplin refletia isso em sua arte há décadas, na época, em contraste à industrialização. As pessoas estão infelizes, sentem-se incapazes, presas ao sistema, à cultura, à força social.

Do outro lado, para atender a demanda, surgem infinitas terapias alternativas. Afinal, a incidência de pessoas ansiosas e depressivas nunca foi tão grande. Veja que grande mercado potencial (espero que a esta altura você já perceba a minha ironia...)!

Diante desse cenário, muitas organizações estão investindo tempo e dinheiro na definição de seus propósitos, tentando criar no imaginário de seus colaboradores um senso de que estão fazendo algo maior do que, simplesmente, aumentar a fatia de mercado de um produto, ou triplicar as vendas, ou atingir cinco anos consecutivos de *double digit growth*.[1]

Veja que hipocrisia, nenhuma organização será verdadeiramente orientada a seu propósito, enquanto seu modelo mental continuar preso ao discurso de: "maximização de retorno para o acionista", do "antes ele do que eu", modelos que fazem com que elas olhem apenas para si. Ou, ainda que até olhem para outros, mas com mesma intenção: como extraio maior valor? Como extraio maior quantidade de sangue? Porém, usando uma fantasia mais bacana.

Essas empresas não estão nem sequer repensando ou enxergando seus modelos mentais. Elas continuam presas no interesse próprio, e é justamente por isso que olham para um de seus stakeholders, os colaboradores, ouvem-nos pedindo algo mais, querendo trabalhar em uma empresa que faça algo pela sociedade, e solucionam o problema da seguinte forma: criando uma frase que responde a essa demanda.

Assim como aquela empresa que resolveu dentro de casa a solicitação de diálogo de clientes (um monólogo), ou como aquele parceiro que não conseguiu abrir mão, estão todos presos. Percebem uma necessidade do sistema, mas não são capazes de verdadeiramente ouvir o que está sendo pedido.

Uma vez recebi um convite para conversar com um executivo de um grande banco nacional. Ele estava interessado em se aprofundar sobre o conceito de propósito e fazia perguntas para entender o que, embora óbvio, parecia utópico, irreal, dentro do seu sistema.

Em um dado momento, me lembro de tentarmos exemplificar como seria um movimento em busca de propósito na prática e uma questão a surgir foi: em que medida vocês estão dispostos a não empurrar produtos para seus clientes sem que eles estejam precisando? Sem titubear a reação imediata daquele gestor foi: "É, nós não estamos prontos para um movimento desses". Triste, não?!

Esse mesmo banco, há pouco tempo, percebendo o movimento da economia brasileira, sempre favorável a rentistas — dada as altas taxas de juros, fomos mais estimulados a deixar o dinheiro no banco do que a empreender —, criou uma nova política de taxas, obrigando ao correntista ter certa quantia de investimento no banco para que pudesse ser isento das taxas mensais. Observa o modelo mental predominante?

---

[1] Jargão cultural corporativo que significa que a empresa cresceu acima de 10%, ou seja, teve um percentual de crescimento de dois dígitos, o que, para companhias tidas como grandes, é considerado alto.

Por décadas, os bancos enriqueceram ganhando dinheiro via investimentos, tiveram tempo suficiente para agregar novos valores ou pensar em como ajudar seus clientes de forma mais efetiva. Mas quando viram seu modelo de negócio em risco, deixaram de tomar dinheiro de um lado, e passaram a tomar do outro.

Nada contra a busca por sustentabilidade financeira, mas quando ela é percebida pela sociedade como exagerada ou descabida, é porque há um desequilíbrio. Eis um exemplo do que os livros de gestão ensinam. Criar tamanha força de posicionamento na indústria, que a ponto de que a empresa possa "ditar as regras". Qual é o ganho sistêmico dessa força? Em que medida estou aberto a entender as implicações das minhas escolhas? Ou volto ao modelo mental "antes ele do que eu" e adoto medidas meramente egoicas?

Há um movimento, ao mesmo tempo sutil e gigantesco, necessário para destravar os ciclos de incoerência que as organizações vêm atravessando. Não é à toa que o universo corporativo é encarado por dentro e por fora com desconfiança. É curioso perceber que os mesmos executivos que decidem promover seus produtos com um slogan parcial e falso, não percebam o mal sistêmico que fazem, não percebem o dar e receber, a ação e reação. Pois é, esse mesmo executivo que, ao se transformar em consumidor, se vê preso na desconfiança de um outro tal produto.

E assim vive nossa sociedade, sustentada pelo padrão de desconfiança. Ganha quem conseguir disfarçar melhor a mentira. E ainda assim não nos percebemos. Há tantos casos que parece ser inútil exemplificar algum. Ao mesmo tempo que isso revela a cultura que construímos, é algo que se sustenta sobre o acordo relacional que "está tudo bem você me enganar e tirar vantagem sobre mim, desde que eu não saiba ou não seja competente para criar algo melhor do que você, pois eu farei a mesma coisa".

Entende o que sustenta esse sistema? Isto: a verdade da mentira. E ele é mantido porque todos aceitam este acordo relacional. E assim estamos nos escorando, apenas alternando papéis, ora sou o agente que tiro vantagem, ora sou a vítima. E simplesmente não nos damos conta. Ganha quem conseguir "tirar mais proveito do outro", com classe, é claro.

Não há como falar de propósito a partir desse modelo mental. Simplesmente não há. Ou melhor dizendo, há um único objetivo nas organizações da atualidade, o de ganhar mais do que o outro. O propósito do lucro. Bastam duas perguntas para desmascarar qualquer organização "lobo em pele de cordeiro": Qual é o seu objetivo final? E se a resposta for algum benefício orientado à sociedade, basta perguntar: "Você abre mão do seu lucro para oferecer o seu propósito?". Pronto, em duas perguntas concluímos que 99% das organizações têm como propósito o lucro, e a grande maioria ainda se orgulha disso.

Não há como olhar para esse tema com o padrão de pensamento que temos, em que se algo está certo, algo precisa estar errado. É uma visão simplista, e não sistêmica, compreender que há aqui qualquer demonização do lucro. Assim como no corpo humano o sangue é absolutamente fundamental para que haja vida. Analogamente, é o sangue que faz o papel de distribuição de riquezas e recolhimento de impurezas do corpo.

Entretanto, como vimos, se cada órgão do corpo tiver como objetivo a maximização de sangue, em pouco tempo, o corpo desfalece. Perceba a inteligência do corpo humano, as partes abrem mão de sangue por um propósito muito maior, a vida.

Assim também funciona nos sistemas vivos organizacionais, quando alguém toma todo o sangue, em um primeiro momento, alguém desfalece, num segundo momento todo o sistema morre.

Não basta criar uma frase de impacto e direcionar as pessoas a pensar no bem que a empresa faz para a sociedade, se ela continua tomando todo o sangue possível. Vai levar tempo, mas todo o sistema irá se colapsar. Assim como muitos já estão.

Uma organização verdadeiramente orientada a um propósito tem clareza de que ela é apenas uma parte de um sistema. Ela tem certeza de que muitas outras partes também servem àquele mesmo propósito. Ela tem consciência dessa interdependência. É como o coração que sabe que não é nem mais nem menos que o pulmão. Ele apenas tem um papel diferente, mas altamente complementar.

O que é propósito?

9

"Propósito é o que dá sentido e conexão às pessoas, uma organização sem propósito é como um corpo sem alma"

MARCOS PICCINI

O propósito de uma organização é o bem que ela faz para uma sociedade, e isso nunca é possível de se fazer sozinho. Um hospital tem o propósito de salvar ou prolongar vidas, o mesmo de um médico, de uma farmacêutica, de um educador físico, de uma academia etc.

Nenhuma organização tem um propósito único. Ela certamente tem uma missão única, ou seja, a forma com que ela decide atuar para servir àquele propósito é única. Esta é outra miopia social que temos. Assim como muitos profissionais acabam tendo uma mesma profissão, cada profissional é único na sua forma de agir, na contribuição que dá à sociedade. Assim também é com as empresas. Mas por eventualmente produzirem ou oferecerem serviços similares, elas se entendem como concorrentes, e ficam lutando uma contra as outras para extraírem mais sangue.

Há pouca ou nenhuma consciência do quão única são as organizações. A vida consultiva nos dá a possibilidade de ver isso de forma muito clara, embora infelizmente grande parte do valor dado à consultoria é justamente possibilitar "copiar" formatos de sucesso. Assim elas se estruturam, criando métodos e metodologias, e treinando um exército de pessoas para aplicá-los. É a lei da oferta e da demanda. As empresas se veem iguais, querem se tornar diferentes, mas vão aos poucos ficando cada vez mais mecanicamente iguais as demais.

Poucas são as companhias conscientes de que cada organismo é único, e que, portanto, há concorrentes. Se formos buscar na essência de cada uma, há diferenças significativas e muitas vezes pouco exploradas, pouco potencializadas, pelo simples fato de se entenderem como "iguais". E com isso, pretendem ser melhores do que as outras, não únicas.

Ao mesmo tempo em que quando empresas únicas se tornam notoriamente públicas, há em muitas outras um movimento quase que inconsciente de imitação. Pense no que fez a Apple e a Microsoft, duas empresas tidas como concorrentes, mas únicas. E assim todas são, pois suas origens são também únicas. Não há nenhum mistério aqui. A forma de ver o mundo do Bill Gates é diferente de Steve Jobs. E isso não os torna especiais, pois somos todos diferentes. Eles apenas souberam dar vazão a isso e construíram culturas significativamente diferentes. Nem melhores, nem piores, apenas distintas.

A consciência dessa singularidade permite às empresas atuar em um padrão muito mais colaborativo do que competitivo. Assim, ainda que duas marcas "bombeiem sangue" para a sociedade, elas não serão dois corações, cada uma terá sua missão singular.

Note, então, que quando olhamos para o propósito potencial de uma empresa, percebemos que ele não é único. Salvar vidas não é algo exclusivo de um hospital, pois as indústrias farmacêuticas, as academias e até empresas de alimentos podem compartilhar o mesmo propósito.

Tal consciência transforma o modelo mental de atuação, pois agir a partir de um propósito é operar sob essa bandeira no centro do sistema que pertence a empresa. Quando você sai desse centro, deixa de ser um sistema ego centrado e passa a ser um sistema aberto, no qual todos que fazem parte lutam pela mesma finalidade, percebe a linda interdependência que existe em um sistema vivo.

Uma organização orientada ao propósito cuida sim do seu sangue (dinheiro), pois sabe que se o seu organismo não sobreviver, todo o sistema será comprometido.

A diferença entre Missão e Propósito

Assim como deste lugar, revela-se que o mesmo ocorre com cada membro deste sistema. E, assim, todos atuam orientados para algo maior, cuidando de si e dos outros.

Nesse contexto, o Propósito é algo que não se atinge sozinho, é algo que maior que se busca para a sociedade. O propósito não define que órgão do corpo humano você é. Ele traz consciência de que você é parte de algo maior e o ajuda a entender que contribuição o sistema, no caso a indústria, leva para a sociedade. A exemplo do corpo humano, o propósito do corpo é a vida, portanto, é também o propósito de cada órgão.

Colocar-se nesse lugar implica uma visão sistêmica do todo, e implica em um modelo de colaboração, não, competição. É evidente que se o corpo está "morrendo", os organismos cedem o que puderem para assegurar novo equilíbrio sistêmico, não para si, mas para o sistema, para a sociedade da qual ele é apenas uma parte. Isso pode significar abrir mão de sangue (dinheiro) e atenção (ego). Uma organização que não atua de um ponto de vista sistêmico sequer questiona renunciar àquilo que hoje é o seu "Deus". .. o dinheiro. Organizações orientadas a sangue (dinheiro) operam com modelo mental de sistema fechado. E esse padrão, já conhecemos muito bem, ele está presente no modelo mental de toda a sociedade atual.

No artigo "Creating Shared Value" o próprio "pai" da estratégia, Michael Porter, articula que "as organizações devem assumir a liderança de alinhar os interesses da sociedade e dos negócios". Ele também reconhece que o olhar dos líderes de negócios se tornou bastante limitante em "simplesmente assegurar maior retorno ao acionista". E acrescenta que "o propósito das organizações deva ser redefinido por criar valor compartilhado", frente à crença dominante que é simplesmente a de criar valor.

Curiosamente o mesmo Porter parece continuar argumentando no artigo que essa nova abordagem trará um novo padrão de vantagem competitiva aos negócios. Digo curiosamente, pois, o modelo mental de competitividade é tamanho, que o autor parece não perceber que nesse lugar de compartilhamento de valor a competição dá espaço à colaboração. É evidente que os sistemas devem buscar formas de se tornarem saudavelmente mais eficientes e eficazes, mas isso nada tem a ver com competição, sim, com colaboração.

A missão, entretanto, diz respeito à descrição do órgão propriamente dito. Continua sendo fundamental entender quem é você nesse sistema e o que você pode contribuir para o todo, desde que tenha a clareza de que você, parte (missão), é menor do que o todo (propósito). A missão serve a um propósito. Vê?

O que nos impede de verdadeiramente ver essa possível realidade? É claro que a resposta está no ego. Enquanto a sociedade estiver dominada pelo ego, estaremos divididos entre vencedores e perdedores, sucesso e fracasso, certo e errado. Observa que não se trata de uma ideologia política de direita ou de esquerda? Que a origem está dentro de você? E que quando você ouve o que digo, parece que você já sabia? Pois tudo isso não se trata de conhecimento, mas de observação da verdade. E ela é acessível a todos, reverbera forte, bem forte, quando nos permitimos olhar para ela de coração aberto.

Todos nós buscamos esse lugar de paz, de colaboração, de poder olhar para si e olhar para o outro, para a parte e para o todo, pois sabemos ser possível. Esse é o único lugar que existe no nosso íntimo, mas estamos aprisionados pelo ego, pelos condicionamentos, pela ambição, e fechados a ele. E voltamos ao padrão. E fazemos mudanças sem mudar nada. E seguimos na falsa ilusão de melhoria, de evolução.

Enquanto estivermos evoluindo impelidos pelo ego, não haverá nenhuma evolução. Estamos presos nesse lugar mental há milênios. Já fomos à Lua, mas não fomos capazes de silenciar nossas vontades e atuarmos a partir do nosso centro, do Amor. É desse centro que podemos observar de forma não apaixonada, muito menos possessiva, que podemos servir a um propósito, ao outro, que também nos serve. Sem querer competir com o outro, sem querer matar o outro para viver, sem o padrão mental "antes ele do que eu".

Sua mente deve estar negando que isso seja possível, é claro. É a esse condicionamento coletivo que estamos presos. Na falsa sensação de que somos independentes, limitados ao interesse próprio, à ambição e à ganância: "Quero todo o sangue para mim". Somos uma sociedade que sonha com a paz, mas alimenta a guerra.

Talvez a sua mente não queira ver, pois reconhecer essa verdade fará sentir-se mal. Mas veja, ela não é o que você é, ela não é você, você não é o que acha ser. Se você deixa essas palavras passarem pela sua mente e chegarem ao seu coração, você verá... Não com os olhos, não com a mente, mas o que nem mente ou olhos são capazes de ver. Desejo que vejas!

10

"Seja comum, seja simples, seja você quem for. Não há necessidade de ser importante, a única necessidade é de ser real. Ser real é existencial. Ser importante é viagem do ego."

OSHO

Nesta jornada por tentar responder à questão de como organismos vivos se sustentam ao longo do tempo, eu achava que tinha uma resposta, mas, ao mesmo tempo, não sabia como expressá-la. Já na fase em que me despedia do mundo corporativo, tive o prazer de conhecer Ricardo Semler, no seu então mais novo empreendimento o Botanique Hotel e Spa, um lugar tão único quanto o seu idealizador.

A propósito, foi justamente nessa visita ao Ricardo no Botanique que a minha página virou de vez. Fui ali como sócio da Korn/Ferry, empresa da qual participei antes de fundar a Bee Consulting, com a intensão de desenhar um projeto de desenvolvimento e networking de CEOs em parceria com o Botanique.

De alguma forma aquelas horas à frente da tranquila e magnífica Serra da Mantiqueira me fizeram retornar dessa reunião com a decisão de deixar o mundo corporativo. E assim ocorreu, na mesma semana.

Voltando ao Ricardo, ele se tornou uma referência em liderança mundial na década de 1990 quando escreveu o livro *Virando a própria mesa*, no qual relatou o modelo de gestão revolucionário implantado na empresa dele, transformando uma companhia de cultura tradicional e autocrática em uma cultura de descentralização e participativa.

Esse modelo inspirou e inspira muitas organizações e estudiosos até hoje. No MIT (Massachusetts Institute of Technology), por exemplo, uma das cadeiras obrigatórias do curso de MBA, chamada Liderando Organizações, ministrada pelo professor John Van Maanen, dedica uma aula inteira às ideias de Semler.

Ao me despedir do Ricardo, ele comentou que sempre teve em mente tentar converter a experiência de sua empresa em um negócio de consultoria e me perguntou o que achava. Ali, parecia que aquela resposta que eu parecia ter, mas não sabia como dizer, estava me chamando para ser respondida.

Disse a ele, agradecido, que de fato o mundo estava carente de novos modelos e que o sucesso de suas proposições se dava por estar milimetricamente alinhado aos valores que ele tinha e a sua infinita capacidade de criticá-las, repensá-las e, por fim, executá-las. Disse achar que estávamos vivendo (ainda estamos) em um mundo que busca fórmulas mágicas de novas tendências, novos moldes. Ou seja, que embora eu acreditasse que possa haver algo modelável de valor, eu acreditava ainda mais que era necessário despertar nos líderes o sentimento de serem capazes de criar seus próprios modelos, assim como ele fez.

O Ricardo nunca me respondeu. Mas a resposta que eu mais buscava, eu já havia encontrado. A procura desenfreada por mais sangue faz com que as organizações dediquem todos os seus esforços em dar um sentido de direção às pessoas para que elas conquistem sangue, mas deixam no esquecimento o sentido de fazer aquilo. Em outras palavras, são empresas que possuem um corpo, mas não possuem uma alma.

Essa busca incessante gera estímulos por estar sempre de olho no que o vizinho está fazendo. Cria-se uma necessidade de se fazer sempre melhor e mais rápido. Sem o olhar sistêmico, mas com o olhar ego centrado: "quero mais sangue". Isso faz as empresas olharem para fora e gera a constante comparação. E onde tem comparação, não tem verdade. Onde tem comparação não tem singularidade.

Não somos iguais a ninguém. Ao nos identificarmos a alguém ou a alguma identidade, estamos na verdade nos escondendo de nós mesmos. Somos seres únicos, e assim também são as organizações, seres únicos. Perceber essa verdade demanda muita coragem, pois perceber a singularidade exige uma não comparação, um olhar para dentro, genuíno e verdadeiro.

Assim está a maioria das organizações, sem consciência de suas verdades, propósitos e talentos. Nenhuma frustração é maior para mim do que chegar a um cliente e perceber que sua demanda é na verdade fruto de comparação. Por não saberem quem são, as empresas querem ser tudo aquilo que veem de bom nas concorrentes ou em marcas que admiram. Qual o resultado disso?

Você pode imaginar o esforço que isso leva? As organizações não têm consciência disso, estão vivendo num estado dormente. O volume de trabalho e projetos desnecessários é enorme. As pessoas se entopem de tarefas para se sentirem úteis. Não se tem tempo para nada. Em especial, não se tem tempo para o essencial. O essencial nas organizações é balela. "Lá vamos nós abraçar árvore de nodo".

O modelo mental de agir está tornando as empresas não apenas burras, como altamente ineficientes e insensíveis. Afinal, qual é o sentido em dobrar o volume de vendas, em se tornar líder em *market share*, em aumentar o valor das ações? Assim como, qual é o valor de se criar uma falsa frase para informar qual é o propósito da organização, se o verdadeiro objetivo é extrair o maior valor do sistema possível?

Qual é o sentido de ganhar todo o dinheiro do mundo? De ser maior que todos? De derrotar a concorrência? Qual é o sentido de criar um negócio escalável? Qual é o sentido de crescer, crescer e crescer? Enquanto as atenções estiverem neste sentido, não haverá sentido algum.

As organizações tendem à mediocridade ao se compararem. E uma mediocridade fria, sem alma, sem verdade. Notem o exemplo do Ricardo Semler, a beleza que há no que ele em seus negócios. O que vejo é que em nenhum momento ele procurou apenas "ser diferente". Ele buscou sua verdade, agir de forma alinhada com aquilo que acreditava, e, para poder fazer isso, acabou "virando a própria mesa", como é o nome de seu livro mais famoso.

É preciso muita coragem para agir a partir do que se vê. Não é apenas um exercício de liderança, é um exercício de integridade do ser. Essa foi uma linda revelação que me ocorreu ao sustentar a pergunta deste livro: o que faz sistemas vivos sobreviverem de forma mais fluida? É nítida a diferença de entrar em uma organização verdadeira, do que numa "cópia". É como conversar com uma pessoa autêntica e uma transvestida de um personagem.

Me recordo de um encontro que tive com o fundador e CEO de uma organização exponencial, nome dado a empresas que crescem muito rapidamente e carregado de significados na atualidade. Veja a sustentação do modelo mental. Neste caso, um negócio que fora de zero a um bilhão de faturamento entre três e quatro anos. Uma empresa digital, um unicórnio, como muitas ambicionam ser.

Nos cumprimentamos e perguntei a ele por que ele buscava ajuda. Ele disse que procurava um coach e que havia recebido feedbacks de que ele era pouco inspirador. Perguntei como ele definiria um líder inspirador? Ele fez referência a um livro que supostamente sumarizava o perfil de pessoas consideradas pela sociedade como grandes líderes inspiradores. Me citou o nome do livro, o nome dos líderes que foram estudados e as chamadas características fundamentais de um "líder inspirador". Disse, também, que precisava de alguém que ajudasse ele a ser assim, e contava que já havia lido muitos outros livros que o ajudaram a definir quem ele é hoje, como numa tentativa de dizer: sou um bom aluno, se eu entendo e faz sentido racional, eu me transformo naquilo.

Talvez o que aquele livro não dizia é que aqueles líderes eram inspiradores provavelmente por terem tido a coragem de ser o que são. De aprender a agir de acordo com suas verdades. De compartilhar suas crenças e agir a favor delas. De construir as próprias realidades a partir de seus modelos mentais.

Isso não significa que o que pretendem fazer diante disso é certo ou errado. Significa apenas que estão sendo autênticos, genuínos, singulares, verdadeiros. Ocorre que quando agimos com autenticidade e verdade, exalamos confiança, discurso e prática são uma coisa só. Confiança é verdade, e verdade é Amor, e Amor une. Percebe a origem da suposta inspiração?

Acontece que, ao ver o resultado, as pessoas fazem o caminho contrário. Elas acreditam que são os comportamentos e as ações capazes de inspirar. E copiam. E qual é o resultado? Basta coragem, uma palavra que soma "core", de coração, e "agem", de agir. Entende? Esqueça os outros, esqueça os livros, olhe para dentro, olhe para a verdade, acolha a sua realidade como ela é.

Somos todos repletos de talentos, cada um do seu jeito, cada um à sua forma. Nenhuma cirurgia plástica vai aproximá-lo daquilo que você realmente é. Ao contrário, cada passo dado para fora, fica mais distante de reconhecer aquilo que se é. Nota o quão distante estão as pessoas e as organizações de seu ser?

Aliás, o nome da Bee nasceu dessa verdade. Excluindo o segundo "e", fica "Be"("Ser", em inglês). É desse lugar que procuramos atuar, da nossa autenticidade e verdade, tentando ajudar quem chega até nós a enxergar as próprias autenticidade e verdade.

Não se trata de um dogmatismo, não saímos como evangelizadores, dizendo aos quatro cantos que as organizações precisam ser assim ou assado. Apenas temos consciência desta verdade, e nossa ajuda a atuar neste lugar.

A admiração pela McKinsey me levou, antes de trabalhar lá por longos quatro meses, a ler muitos livros sobre a sua história. E nela há, muito claramente, a figura de um líder com uma visão sistêmica ímpar, Marvin Bower. Ele não foi o fundador da McKinsey, que leva, inclusive, o nome daquele que a fundou, James O. McKinsey. Mas Bower foi quem muito cuidadosa e sutilmente conduziu àquela empresa a se tornar o que se tornou.

A McKinsey se tornou o que se tornou pois é fruto da coragem de Bower. A forma dele de ver o mundo e de transpirar essa verdade, deu origem à indústria de consultoria de gestão a partir da McKinsey. Ela é absolutamente coesa e íntegra ao modelo mental de seu fundador.

Entretanto, o que noto também é que essa coesão não se constrói apenas de dentro para fora, nem apenas de fora para dentro. Um líder com ideias e ideais muito preconcebidos, se não "conversar com o sistema", se não se permitir observar o que o sistema pede para funcionar em "perfeita harmonia", ordem e fluidez, não será capaz de extrair todo o seu potencial. Seu organismo poderá ter vida e até vida longa, mas não florescerá de forma plena.

O contrário também é verdade. Um líder que apenas observa o que os outros fazem para operar no sistema, ou que apenas observa o sistema sem uma conversa consigo mesmo, sem fazer com que essa observação amplie sua consciência a ponto de passar a ver o que é, ou seja, a ponto de fazê-lo ressignificar seu modelo mental, irá atuar sem verdade. Portanto, também não vai extrair todo o potencial latente de dado sistema ou organização.

Ouso dizer que Bower fez essa conversa com o sistema continuadamente. Ele fez com que seu propósito se concretizasse justamente por ter permitido aprender com o que ele observava, ampliando sua consciência da realidade, do funcionamento daquele contexto, e adicionando os elementos-chave para construir uma organização coesa, na qual discurso e prática eram meramente consequências de como ele notava o mundo.

Veja, Bower foi capaz de perceber o funcionamento sistêmico do que poderia ser a McKinsey de uma forma extremamente alinhada, como alguém observa o funcionamento de um relógio, entende ele e então cria os mecanismos que dão as condições e reforçam seu funcionamento.

É, hoje, muito comum encontrar organizações que percebem a própria hipocrisia, no sentido de enxergar que seus discursos e práticas são antagônicos. Entretanto, é também de forma ingênua que acabam adotando ações de controle para garantir que, em especial seus líderes, cumpram com o que falam. Raro encontrar movimentos que perguntem: "Por que nossos líderes não cumprem com o que falam? Onde está a origem?".

Os livros de gestão condicionaram a sociedade organizacional a resolverem problemas, e não a compreenderem a origem sistêmica dos fenômenos que ocorrem. O resultado é simples. Se colocados diante do devastado Parque de Yellowstone, essa geração de líderes seguramente proporia soluções como um reflorestamento. Jamais considerariam reintroduzir os lobos.

Modelo de Coesão Organizacional

11

"Coerência se refere ao grau de unidade dentro de um sistema em particular e determina o grau de integridade presente no sistema. Quando um sistema se torna altamente coerente, haverá menos conflito e caos."

***INTELLIGENT BY NATURE*[1]**

Da busca por olhar as organizações de forma sistêmica e sob a crença de que uma empresa se torna mais forte quando é capaz de viver a própria verdade, quando é capaz de ser íntegra em seu propósito e de transpirar aquilo que acredita, sem titubear, sem esforço consciente, sem precisar de um mecanismo de controle dos líderes para que ajam desta ou daquela forma, aos poucos uma imagem conceitual foi se formando em minha mente.

Antecipo que não se trata de um conceito acabado, muito menos de um modelo sobre o qual pretendo defender uma tese demonstrando a efetividade. Trata-se apenas de um recurso que vem nos ajudando a orientar organizações. É muito mais um modelo mental, uma forma com a qual temos analisado as companhias, do que um padrão ou uma metodologia a ser seguida.

Em uma comparação, esse método ao qual temos empregado seria como, para o corpo humano, a combinação de anatomia e antroposofia. A primeira sugere uma perspectiva mecânica de funcionamento do corpo e, a outra, o olhar vivo e sistêmico do "funcionamento" do homem. Não é óbvio integrar essas duas perspectivas, mas é assim que ela vem sendo vista.

Já mencionei que nossa grande pedra angular é de partir do problema dos clientes como uma página em branco. É natural que, ao longo do tempo, ao observarmos muitas realidades diferentes, começamos também a perceber elementos em comum dentro das organizações.

---

[1] Inteligent by Nature é uma conta criada na rede social Instagram sobre autoconhecimento e energia natural. Pode ser encontrado no buscador pelo @intelligentbynature.

É como construir uma casa e observar suas camadas: fundação, estrutura, alvenaria, hidráulica, elétrica, interiores etc., e uma vez habitada, a dinâmica do lar. Esses elementos tendem a existir, independentemente da casa que você irá construir e do lar que ali irá se constituir. E enquanto o padrão de casa e construção continuarem iguais na sua essência, assim como os padrões de relações sociais, será possível continuar aperfeiçoando o olhar e eventualmente agregando novas observações, novas camadas, novas etapas etc.

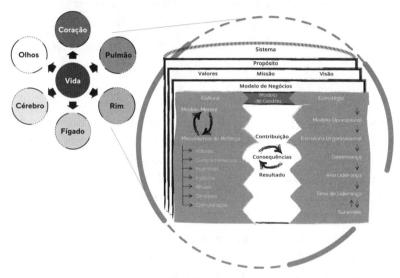

Modelo de Coesão Organizacional

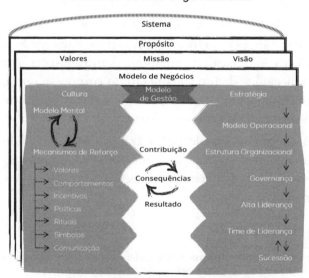

Modelo de Coesão Organizacional
Senso de Propósito, Senso de Direção, Responsabilização e Cultura

Há de se reconhecer que, no passado, nós vivíamos em cavernas, certo? Portanto, o futuro seguramente também será diferente. Quer dizer, o desafio de todo modelo é não ficarmos presos a ele, pois irá funcionar até quando funcionar. Alguma inovação ou disrupção pode torná-lo obsoleto. Mesmo que nosso olhar esteja voltado a aspectos estruturantes e não contextuais. Em resumo, procuramos representar nele os elementos que temos observado estar em "todas organizações".

Como já ficou claro ao longo do livro, o modelo que empregamos oferece uma visão sistêmica ao funcionamento das organizações. Ainda é surpreendente perceber que esses elementos são tratados de forma totalmente independente pelas empresas, gerando grande confusão, para dizer o mínimo.

Ao tentarmos definir um nome para ao método que propomos, percorremos o dicionário em busca de uma definição capaz de descrever o que reunimos nessa prática, e o mais próximo que chegamos foram as concepções: Coesão Organizacional, Coerência Organizacional, ou, somente, Verdade Organizacional.

O modelo defende justamente a ideia de que, quando os elementos-base que constituem o corpus de todas as organizações estão em coesão, em coerência, elas tendem a reconhecer seu potencial e a cumprir o seu papel com a sociedade de uma forma mais harmônica, verdadeira e sustentável.

Desnecessário dizer que assim também ocorre com as pessoas que fazem parte de uma empresa, afinal, são as células que a compõem. Um corpo humano não pode estar saudável e em estado de ser, se sua consciência não estiver em paz com a realidade e, consequentemente, se as suas células não estiverem sadias.

Não pretendo aqui descrever e aprofundar sobre o Modelo de Coerência, mas vou apresentar de modo sucinto as partes que formam o todo para que possamos prosseguir na mesma compreensão.

O foco deste livro está principalmente na camada denominada cultura, em especial, naquilo que está oculto na cultura. Sim, este é um modelo que não pretende descrever a realidade como é, mas uma proposta didática que possa ajudar a transformadores organizacionais a conduzirem seu trabalho de forma mais consciente e sistêmica. Prova disso é que estrutura organizacional, governança etc. são, sim, elementos sustentadores de cultura, mas estão didaticamente no lado definido como estratégia, pois a prática tem mostrado que esses aspectos são mais estruturantes para uma organização começar a funcionar. Vamos a ele.

O modelo que propormos tem quatro partes que se integram:

1. A primeira é a esfera superior, que representa o reconhecimento da organização a respeito da conexão que possui com o sistema em que está inserida e do seu propósito de diretrizes maiores.

2. A segunda, ao lado esquerdo, mostra a dinâmica cultural da organização, sua visão de mundo e, consequente, forma de atuação e resposta à esta visão. Este é um lado mais sutil das organizações, que, embora seja altamente pragmático, como este livro pretende apontar, é algo de ainda difícil acesso nas organizações. Ao mesmo tempo, este é um item vital, pois é pela cultura que a empresa se conecta ao sistema (mercado) e se mantém viva, ou morta.

3. A terceira parte, ao lado direito, está a dinâmica mais estruturante de uma organização, questões mais tangíveis e pragmáticas para o funcionamento de um negócio. Trata fundamentalmente da atribuição de responsabilidades de um todo para as partes e o seu funcionamento.

4. A quarta e última parte é na nada mais que o "momento da verdade". É onde as coisas acontecem no dia a dia. O fluxo de alinhamento de expectativas, resultados e consequências. Aqui é onde bate o coração. Todos os demais elementos são apenas inputs para que este fluxo ocorra no seu maior potencial.

1ª parte:
A organização no todo e suas diretrizes

Sistema: Toda organização está conectada a um sistema (ou mercado) e, consequentemente, a uma cultura maior. Ainda que não seja consciente, é este sistema maior, a organização é apenas uma parte. Ele rege as forças em relação as quais uma companhia deve se adaptar para fazer parte. A cultura de uma organização é impactada por todo esse sistema. Nele estão fornecedores, clientes, concorrentes, o governo, a sociedade, o meio ambiente, as tecnologias etc. Em síntese, para se manter viva, uma organização demanda reconhecer essa coexistência e continuamente equilibrar contratos relacionais que sustentem a sua continuidade (vida) nesse ecossistema. A grande pergunta a se fazer aqui é:

"Quais são os grandes elementos do sistema com os quais temos relações e que impactam nossa vida?".

Propósito: Ainda que a sociedade e as próprias empresas não se vejam assim, toda organização atende a um propósito social, maior do que a sua própria missão ou razão de existir. O propósito precede o lucro ou a própria existência da organização. Assim como esse propósito não é de exclusividade, nem de propriedade dessa organização. A conexão com o propósito não é um luxo ou uma jogada de marketing, é um movimento altamente verdadeiro e, portanto, inspiracional, quando autêntico. Esse movimento traz vida e sentido às pessoas que atuam naquele sistema, nenhuma estratégia é capaz de suprimir esta conexão. A grande pergunta aqui é:

"Ao que servimos?".

Missão, Visão e Valores: Pela ordem, a Missão é a descrição do papel que a organização cumpre naquele sistema. Ela existe para suprir o quê? É como no corpo humano, o propósito dos órgãos do corpo é sustentar a vida. Mas o pulmão tem uma missão específica. Definir a Missão é fundamental, pois ela diz o que você irá fazer e o que não irá fazer. A missão na sua forma mais tangível é uma Cadeia de Valor, que descreve todos os elementos daquele órgão, tudo o que ele se propõe a fazer (macroprocessos).

Dessa Cadeia de Valor, é possível não apenas conhecer anatômica e sistemicamente todo o organismo, como, posteriormente, definir responsáveis para cada parte do todo (modelo operacional e estrutura organizacional). A grande pergunta aqui é:

"O que somos?".

A Visão é uma descrição do movimento que esse organismo percebe estar ou precisar fazer para se manter vivo. A visão aponta clarifica qual é direção e assim ajuda a todos os membros a se situarem. Enquanto o propósito dá "sentido" (em inglês, *meaning* = sentir) a visão dá "sentido" (direção/mental). A grande pergunta aqui é:

"Para onde vamos?".

Os Valores são a expressão dos contratos relacionais que sustentam o organismo vivo no sistema (ou mercado). Os valores expressam o como a organização pretende se comportar junto aos seus principais *stakeholders*. Eles são, portanto, a expressão de um extrato da cultura daquela organização. A grande pergunta aqui é:

"Que valores (cultura) equilibram nossos contratos relacionais com os principais elementos do sistema e, por consequência, nos mantém vivos, relevantes e sadios?".

Modelo de Negócios: são, em síntese, a forma pela qual uma organização é retribuída por aquilo que faz. É o "receber" do "dar". Este é também um forte elemento de cultura, pois é o grande incentivador e mobilizador das pessoas em uma empresa. A grande pergunta aqui é:

> "Como estação recebe dinheiro pelo que oferta?"

2ª Parte:
A cultura e seus consequentes mecanismos de reforço.

Este modelo reforça o que vemos. Uma cultura não muda de fora para dentro. Não são os mecanismos de reforço que mudam a cultura: sem que haja uma nova consciência, e consequentemente novos modelos mentais, o esforço de mudança será em vão.

Cultura: São todos os acordos relacionais preestabelecidos em uma companhia. São os comportamentos esperados sem que precisem ser explicitados. É como a primeira camada da governança da organização. São modelos mentais compartilhados que definem como aquela sociedade (organização) percebe e responde ao mundo. O que a empresa percebe que é certo, ou errado. O que deve ou não deve ser feito. A grande pergunta aqui é:

> "Quais modelos mentais, ainda que não explícitos, sustentam o sistema organizacional?".

Modelo Mental: São visões preestabelecidas da realidade. São fotografias da percepção de realidade em um determinado momento. Os modelos mentais compartilhados formam a cultura de uma organização. São como o grau de consciência daquela companhia. Sem que sejam acessados e ressignificados, qualquer mudança será superficial e potencialmente ineficiente. A grande pergunta aqui é:

> "Quais modelos mentais sustentam o sistema atual?".

Mecanismos de Reforço: São estímulos que podem ser criados ou que estão inconscientemente presentes em uma cultura, que reforçam positiva ou negativamente os comportamentos esperados daquela comunidade. Nas organizações são, por exemplo: valores, comportamentos, modelo de incentivo, políticas, rituais, símbolos, mantras etc., assim como o próprio espaço físico, a vestimenta das pessoas, entre outras. Aqui a grande pergunta é:

> **"Em que medida os mecanismos de reforço estão incentivando os comportamentos da cultura almejada?"**.

3ª Parte:
A estratégia e a execução

Estratégia: Enquanto a Visão dá a o sentido de direção em longo prazo, a estratégia traz esta visão para um plano de mais curto e mais pragmático. Sob a ótica sistêmica, a estratégia traz um senso mais objetivo e claro do movimento necessário da organização e, portanto, de cada pessoa que dela faz parte. Aqui as principais perguntas são:

> **"Onde atuar? Como atuar? Quando atuar?"**.

Modelo Operacional: Descreve como a organização pretende operar. Como pretende atuar junto ao mercado e clientes para poder potencializar a oferta da sua Missão. Qual é a melhor forma de distribuir os processos da Cadeia de Valor para melhor servir os clientes e, portanto, a sociedade?

O Modelo Operacional é como um mapa de operação por processos, sem pessoas, ou seja, ele precede a estrutura organizacional. É um mapa sistêmico, pouco utilizado nas empresas, mas muito poderoso, pois organiza as partes a partir do todo, uma visão que nenhuma estrutura organizacional, ou descrição de cargos, pode trazer. É como pegar o corpo humano, e identificar os microssistemas (digestivo, neurológico, cardíaco, respiratório etc.). A grande pergunta aqui é:

> **"Como melhor dividir as partes, para que o todo melhor responda ao sistema maior (mercado)?"**.

Estrutura Organizacional: Dado o Modelo Operacional, surgem possibilidades de estruturas. A estrutura atribui responsabilidade das partes para cargos ou funções. Trata-se de um exercício de identificar qual a melhor alocação de responsabilidades para o melhor funcionamento daquele organismo. É uma combinação de acúmulo de responsabilidades e sinergia de expertises. Aqui as grandes perguntas são:

Como assegurar *accountabilities* claros para cada cargo, para que as pessoas nessas posições possam dar o melhor de si em benefício do todo? Como atribuir responsabilidades, assegurando que a separação das partes é a melhor solução para o melhor funcionamento geral?

Alta Liderança: Dada uma estrutura, é hora de olhar para as pessoas. Alocar os indivíduos certos nas posições adequadas não é um exercício óbvio, entretanto, fundamental para o funcionamento de um organismo vivo. Neste ponto, há muito o que ser analisado, não apenas competências técnicas (as mais óbvias), mas fundamentalmente competências comportamentais e fit cultural. Apesar de não ser o nosso foco, apresentamos uma abordagem aprofundada de *assessment* para quem quiser se aprofundar na questão. Aqui a pergunta-chave é:

"Quem são as pessoas certas para cada posição estratégica desta organização?".

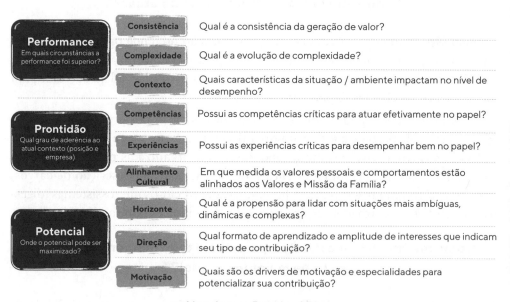

Abordagem Bee dos 3P's

Governança: O primeiro exercício, muitas vezes ignorado pelas organizações, que o time de alta liderança deve fazer é o de alinhamento dos processos de decisão.

Nenhum Modelo Operacional, nenhuma Estrutura Organizacional, nenhuma Descrição de Cargo são capazes de resolver as dilemáticas sistêmicas de decisões com altas interdependências. Este é um exercício fundamental, é como o marco zero para que aquela estrutura e pessoas possam começar a funcionar de forma efetiva.

A governança deve resolver as dilemáticas de forma clara e objetiva, eliminando zonas cinzentas e acelerando a capacidade de execução e desempenho de uma organização. Não se trata apenas de definir comitês, mas, antes, de definir a autonomia e alçada de decisão de cada processo, com especial atenção às decisões que são compartilhadas por mais de uma pessoa. A pergunta chave aqui é:

"Quais processos de tomada de decisão da alta liderança?".

Time de Liderança: Uma vez decidido quem "senta em cada cadeira" na estrutura de primeiro nível (ou eventualmente até um segundo, dependendo do desenho), forma-se então um time da alta liderança da organização. Essas são as cabeças que irão, em última análise, assegurar que as diretrizes e funcionamento das partes de todo estejam operando no seu melhor.

A primeira lição desse é entender que ali todos servem a algo maior. Não há uma área mais ou menos importante. Coração e pulmão coexistem. Assim como todos os órgãos. O grande modelo mental é reconhecer que ali todas as partes servem acima de tudo ao propósito e estratégia da companhia.

A partir disso, surge a necessidade desse time encontrar formas de operar da forma mais sinérgica e verdadeira possível, seja do ponto de vista estrutural – fóruns, agendas, temas, acordos etc –,seja do ponto de vista relacional – vínculos, confiança, troca, celebrações, feedbacks etc. Aqui a grande pergunta é:

"Como assegurar que o time de liderança seja uma representação da verdade da organização, assegurando que a organização tenha vitalidade e possa dar o seu melhor para a sociedade e seus *stakeholders*?".

Sucessão: Do ponto de vista estrutural e de assegurar a perenidade do negócio, a grande responsabilidade do time de liderança é preparar sucessores. Aqui entram todas as formas de desenvolvimento de pessoas e processos que facilitem esse fim. A grande pergunta aqui é:

"Como assegurar um olhar estruturado de desenvolvimento de pessoas não colocar em risco a vitalidade e perenidade do negócio?".

4ª Parte:
Gestão de consequências

Gerir cultura é gerir consequências Na prática, ainda que se tenham definidas expectativas de acordos relacionais e comportamentos, estes só serão incorporados à medida que forem reforçados pela cultura. E o reforço ocorre pela consequência.

Se recorrentemente todos ultrapassam o farol vermelho, mesmo sabendo do risco desse comportamento para a comunidade, mas ninguém é advertido, dificilmente esse acordo de parar ao sinal vermelho será incorporado à cultura.

De forma mais orgânica, assim como o corpo humano possui seu sistema imunológico, a organização precisa encontrar formas de reter o que a nutre (pessoas) e expelir aquilo que é tóxico ao sistema. Simples assim. Entretanto, hoje o grande condicionamento nas organizações é reter aqueles que cumprem suas metas, independente da sua toxicidade. Um olhar limitante e comprometedor ao todo.

Podemos dizer que todas as demais partes do Modelo de Coesão existem para assegurar que esse sistema imunológico funcione de forma coesa. Para que as pessoas daquele contexto entendam no dia a dia o que se espera delas, e o que compromete o sistema. Quanto maior essa consciência, maior a vitalidade daquele organismo, maior a verdade, maior o compromisso das pessoas com o todo, menor os mal-entendidos quanto as decisões de pessoas que contribuem mais ou menos.

Vale reforçar que toda organização deve respeitar o equilíbrio sistêmico do dar e receber. Isso significa desenvolver uma capacidade de compreender não apenas quem nutre e quem intoxica, mas daqueles que nutrem, quem têm nutrido mais, e, portanto, devem ser reconhecidos por isso. Meritocracia não é um valor, é uma necessidade sistêmica que, quando não atendida, enfraquece todo o entorno.

Na prática, quando uma pessoa entra em uma organização, tudo o que ela quer saber é: qual é a melhor forma dela contribuir com o todo? O que se espera dela? Qual é sua parte no todo? É para responder a essas perguntas de forma efetiva, coesa, verdadeira e alinhada, que as demais partes do Modelo de Coesão existem.

É possível dividir a pergunta "o que se espera de cada uma das pessoas?" em três partes.

1. **Sentido de propósito, de missão e direção:** Ao que servimos? Quem somos e para onde vamos?
2. **Clareza de responsabilidades:** Qual é o meu papel e responsabilidades? Qual é a minha parte nesse todo?

Modelo de Coesão Organizacional | 91

3. **Consciência cultural:** Quais modelos mentais e acordos relacionais sustentam nossa forma de atuação? Quais comportamentos esperados?

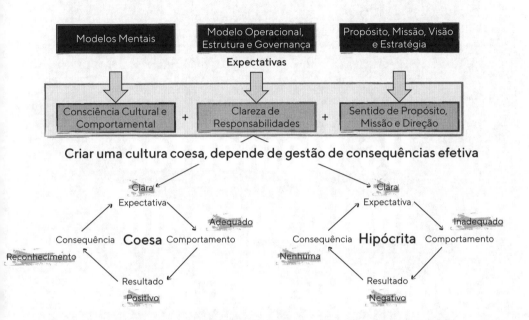

Expectativa primeiro, consequências depois
Deixar expectativas claras depende estratégia, estrutura e cultura claras

Ao responder a esses três elementos, aumentamos a consciência quanto à expectativa sistêmica de cada pessoa na organização, aumentamos a clareza para cada indivíduo sobre o que o sistema espera delas. É um passo fundamental na construção de uma cultura coesa, embora insuficiente.

A coesão em si ocorre apenas quando a gestão de consequências é colocada em prática de forma também coesa e efetiva. A gestão de consequências é o mecanismo que torna uma cultura coesa, ou hipócrita. É o que torna um organismo com vitalidade ou cheio de toxidade. E esse não é um exercício bem resolvido na maioria das companhias, até porque esse método é visto por muitas como gestão de desempenho e fundamentalmente preso em metas, sem um olhar mais amplo para a realidade, para a real contribuição e nutrição de cada indivíduo com o todo.

Os elementos mais sutis do Modelo de Coesão

12

Nos capítulos seguintes vou explorar com mais detalhes os elementos mais sutis do Modelo de Coesão que impactam significativamente no foco deste livro, a cultura organizacional.

Considero que esses aspectos são pouco aprofundados tanto na literatura, quanto na prática das organizações. Foi mergulhando neles e sustentando um olhar de não saber, que pudemos emergir com observações que motivaram esta obra.

Propósito

Já vimos que toda organização é um sistema vivo. Ela nasce para atender a uma necessidade social. Entretanto, ela nunca é autossuficiente, ou seja, nunca será capaz de atender por completo a essa demanda. É como cada um de nós, temos talentos individuais que podem servir à sociedade, mas não somos nem suficientes nem autossuficientes neste papel.

Portanto, o propósito de uma companhia nunca é apenas dela. O propósito é o bem social que ela exerce a partir daquilo que faz. É preciso uma consciência sistêmica e não egoica para realizar isso, bem como para reconhecer que o centro de uma empresa não é ela, mas o seu propósito. E ao seu lado, há muitos outros organismos atuando para esse mesmo bem, para o mesmo propósito.

Assim, é possível reconhecer que, como na antologia do corpo humano, todos as estruturas vivas juntas compõem um sistema complexo, o corpo humano, cujo objetivo é a vida. Portanto, cada mecanismo tem um papel único e interdependente. Ou seja, lugar dessa predisposição de consciência não há competição, há colaboração. No corpo humano, quando uma célula começa a se reproduzir de forma independente e desordenada, chamamos isso de câncer. Vê?

Para que uma organização possa reconhecer o seu lugar no sistema e a qual propósito ela serve, é necessário esse exercício, um olhar mais amplo, amoroso. É preciso observar a realidade a partir de como ela é de fato, e não de como nosso ego quer ver. É imperativo observar as consequências sistêmicas de não atuar desta forma ou fazer vista grossa e adotar o modelo mental egocentrado que já era a regra do jogo.

Costumo dizer que toda organização serve a um propósito maior do que ao seu próprio umbigo, mas tipicamente ela está cega desta realidade, ou finge reconhecer, mas na verdade continua atuando egoicamente, querendo extrair o maior valor do sistema possível.

Portanto, antes de olhar para o modelo em si, é preciso entender de onde ele nasce. É preciso reconhecer, que toda organização é parte de um sistema maior com diversas outras organizações que atuam dentro de um mesmo propósito. E naturalmente que ela também convive e está em diversos outros sistemas que possuem outros propósitos, mas esta imagem tem o objetivo de ilustra que o propósito de uma organização não é apenas dela, e este deve ser o grande direcionador de suas decisões.

Uma forma bastante poderosa de compreender a força deste alinhamento, é percebê-lo como um alinhamento de ressonância. Assim como a corda de um violão não traz a sua melhor expressão em uma guitarra, reconhecer esta qualidade, este lugar de atuação, este lugar onde o organismo vibra de forma mais verdadeira, e, portanto, cumpre com um papel de forma mais plena e inteira. Compreender o propósito de uma organização traz esta qualidade para todo o sistema. Se sei ao que sirvo e qual instrumento sou, reverbero esta força internamente e então todo o corpo tem maior chance de ser coerente, de ser verdadeiro, de atuar mais plenamente. Portanto, o alinhamento a um propósito é um passo primário e fundamental para todo o "modelo de coerência" que segue. Vê?

Stakeholders e Elementos de Contorno

Este anel que circula o modelo reconhece que uma organização não está solta no mundo. Ela coexiste não apenas com as empresas que servem ao seu mesmo propósito, como também com diversas outras. Se olharmos a fundo, veremos que todas as organizações e pessoas estão interligadas e são interdependentes. Este modelo não pretende ignorar isso, ele apenas ilustra que há Elementos de Contorno (tecnologia, legislações, meio ambiente etc.), operadores próximos,, pelos quais uma empresa é influenciada e é capaz de influenciar.

Há pouca consciência que, na verdade, a sobrevivência de uma organização depende da sua capacidade de se relacionar com esses outros agentes animados (outras empresas) ou inanimados (tecnologia, legislação, meio ambiente etc.).

Costumo observar que a visão sistêmica é limitada ao que chamo de olhar em "L." Digo "L" pois, em geral, quando se representa visualmente uma organização e seus *stakeholders* principais, a empresa é desenhada no centro. Acima, geralmente, os Controladores (acionistas) e, à direita da empresa, os Consumidores.

Esse olhar em "L" é o reflexo da consciência sistêmica atual. Como extraio mais valor dos clientes, para gerar mais valor para o acionista? Todo o resto é resto. Basta observar de forma mais ampla para perceber que para a sobrevivência do sistema, os demais membros estão a todo momento realizando trocas.

Veja com cuidado. Todos que estão conectados mais intimamente a esse sistema dão e recebem algo. É um grande fluxo de troca. Para entregar uma garrafa de leite ao consumidor final, alguém precisou criar a vaca e tirar o leite, alguém precisou transportar o leite fresco, outro, precisou distribuí-lo, outro, ainda, comercializá-lo. Tudo isso para que alguém pudesse consumi-lo. Cada etapa, uma troca; vai algo e algo fica.

E a sociedade já evoluiu a ponto de criar um mecanismo de troca mais eficiente. Em vez de trocarmos o que temos pelo que queremos, como ocorria antes — escambo —, criamos o dinheiro. Hoje em dia, produtos e serviços possuem custos monetários específicos, e assim o dinheiro remunera esses bens e serviços pela sua percepção de valor.

Tirado o peso social, a visão dualista, seja de idolatria, seja de demonização do dinheiro, o que sobra é uma energia de agradecimento, gratidão, uma energia de troca. O dar e receber é uma condição física da existência. Há poucos ditos populares tão verdadeiros quanto o "faça ao outro apenas o que você gostaria que ele fizesse a você". Essa é uma verdade da existência, neste plano, tudo que vai, volta. A energia do dar e receber não é uma hipótese científica.

O dar e receber está também presente nos sistemas vivos. Todo sistema onde há um desequilíbrio entre dar e receber é um sistema adoecido. Isso se inicia nas relações individuais. Um casal em que um dos parceiros dá muito mais do que outro, gera um desequilíbrio que impede que esse sistema flua em toda a sua potencialidade. Um funcionário que contribui significativamente e não é reconhecido de tal forma, idem. Ou seja, a justa meritocracia é uma condição fundamental para a fluidez e saúde de um sistema.

A meritocracia justa nada mais é do que o equilíbrio da energia do dar e receber. Portanto, qualquer cultura que ignore esse princípio básico, ainda que seja aparentemente forte e coesa, terá seu sistema esmorecido e adoecido ao longo do tempo.

Bert Hellinger observou esse fenômeno de forma muito clara em seus trabalhos terapêuticos. Em seus trabalhos ele revela existir três ordens sistêmicas que, se violadas, criam um miasma, uma doença em determinado sistema, as chamadas Ordens do Amor:

1. O direito de pertencer;
2. A respeito a precedência; e
3. O equilíbrio entre o dar e receber.

Vamos olhar para essas ordens (e desordens) ao longo deste diálogo. Neste momento, chamo atenção em especial ao equilíbrio entre o dar e receber. Nas relações entre empresas, o dinheiro cumpre uma boa parte deste papel. Se atuo ao partir do modelo mental em "L", de "extrair o maior valor do consumidor para entregar o maior valor para o acionista", já estou ferindo este sistema.

O dinheiro, no sistema social, está para o sangue no corpo humano. Assim como o sangue leva os nutrientes e oxigênio para todos os organismos do corpo, distribuindo-os de forma equilibrada, com uma inteligência singular, divina e amorosa, assegurando a vida, o dinheiro também faz esse papel nos sistemas organizacionais. Ele leva a uma empresa a quantidade de "nutrientes" necessária para que ela possa continuar produzindo e contribuindo com todo o sistema. O dinheiro é também um agradecimento que damos a quem nos fez algo.

Rememoro uma conversa que tive com um cliente em que pudemos discutir de maneira mais clara o futuro da empresa a qual ele geria. De forma espontânea, três indicadores nasceram dessa troca:

1. Ele dizia que a organização buscava criar uma cultura mais única e fortalecida, pois vinham de uma aquisição recente;
2. Olhando para o mercado e fazendo algumas contas em grandes números, ele dizia que a organização teria um potencial de crescer seu faturamento para 1 bilhão de euros;
3. Olhando para a significância da operação brasileira e sua percepção de que ela poderia ter um protagonismo maior diante da casa matriz, disse acreditar que a empresa poderia estar entre as cinco maiores operações mundiais, e ganhar um bom espaço de autonomia e investimentos no futuro.

Interessante notar que o indicador de receita financeira apareceu como sempre costuma aparecer nessas conversas. Um dado absolutamente relevante, prioritário e frio. Era como se aquele número não fosse atingido, nem o seu próprio emprego nem o dos demais estariam garantidos. Do ponto de vista de cultura e modelo mental, fica evidente que o grande objetivo daquela companhia é o propósito de praticamente todas as demais, retorno financeiro.

Na conversa, apontei para algo que parecia obscuro para eles. Eu disse: "Vocês podem imaginar o tamanho da gratidão e da confiança que a sociedade estará depositando a vocês quando esse 1 bilhão de euros em vendas se concretizar? Conseguem perceber que, ao comprar cada um dos produtos que vocês comercializam, as pessoas estão também agradecendo e dizendo 'deixo aqui este dinheiro para que remunere todo o seu esforço, e algo mais para que possam continuar investindo em produtos de tamanha qualidade'"!

Claro que para muitos isso soou ridículo. Que pena! Mas entendo, pois estamos tão presos no modelo mental de maximização de retorno que soa hipócrita dizer o que eu disse. E de fato é! Pois todos ali sabem que no fundo a organização, com a cabeça que tem hoje, pensa principalmente no lucro. A pergunta que eu quis e quero provocar é simples: o quanto estamos dispostos a ceder para que todos ganhem?

Ainda assim, é relevante apontar para a realidade oculta por trás da ilusão do retorno financeiro. Àqueles que se permitiram ver o que eu havia apontado, tiveram a chance de analisar a realidade de uma forma mais profunda e verdadeira. É simples assim, somos interdependentes, fazemos trocas a todo momento, alguém dá, alguém recebe e dá algo em troca. Quando isso consciente, há uma natural predisposição de ajuda mútua, com justiça, e seguimos no fluxo da vida.

Portanto, ao se reconhecer no seu sistema junto dos demais membros, lembre-se que todos precisam de um retorno justo e adequado para que todo o segmento floresça.

Diferentemente do que dizem a maioria dos livros de gestão, não queira criar dependência ou tornar-se um elo poderoso em sua cadeia, pois tal movimento, em longo prazo, pode gerar danos a todo o sistema, ainda que você não queira reconhecer.

Valores – o grande equilibrador sistêmico

Para que a troca de nutrientes ocorra em nosso corpo, é necessário que as veias e as artérias estejam em boas condições. Mais do que isso, antes de limpas elas precisam estar conectadas para que os nutrientes cheguem em quantidade suficiente. E, o que é preciso para se estabelecer esse vínculo entre as organizações?

Empresas são submetidas a forças de dentro (pessoas) e de fora (mercado e meio ambiente). A única forma de sobrevivência está em equilibrar essas forças. No âmbito mais concreto, assim como os átomos se unem por uma reação química e por uma clara relação de interdependência (um não sobrevive sem o outro), os stakeholders igualmente se unem por interesse. O interesse é o "elemento químico" que sustenta a união das partes e torna um sistema vivo. Não há aqui qualquer juízo de valor. Para ser água, o oxigênio precisa atrair duas células de hidrogênio (H_2O), e pelo tempo em que ele decidir ser água, ele irá precisar estar "atraente" o suficiente para continuar conquistando as células de hidrogênio, e apenas elas, ou poderá não mais existir.

A sociedade criou um recurso bastante concreto para medir o nível de interesse por algo, o dinheiro. Entretanto, o equilíbrio econômico é apenas uma parte dessa equação de interesse. Na prática, os contratos relacionais possuem um valor potencialmente superior ao próprio dinheiro. E o que regula os contratos relacionais são os valores, no sentido de princípios e crenças. São esses valores etéreos que mantêm uma empresa sadia e atraente em seu sistema.

A parte óbvia é que dois organismos começam a trocar sangue, ou seja, estabelecem uma relação de troca, um contrato, ou algo que o valha, quando um, precisa do outro. Um tem algo que o outro não tem. Nasce a interdependência, longe de significar uma dependência. A dependência é uma prisão, a interdependência é liberdade.

O universo é tão inteligente e amoroso, que dons e interesses nos são dados de forma distinta, única, singular e, ao mesmo tempo, complementares. Na interdependência, dois agentes se complementam. Basta querer ver. Ao reconhecermos essa verdade, nos colocamos a serviço do sistema, a serviço do mundo, a serviço do universo. Reconhecemos o poder das diferenças, pois elas nos complementam.

O que seria do apaixonado CEO — dotado de uma inteligência sistêmica, uma capacidade de liderar pessoas, de tomar decisões complexas, de assumir riscos, de dar a direção —, se não fosse o apaixonado engenheiro — dotado de uma inteligência e criatividade incríveis, usa da matemática como mera ferramenta de traduzir suas ideias, desenvolve produtos e soluções inovadoras e ama criar e solucionar problemas?

O funcionário tem seu talento e a organização o contrata para que faça algo que precisa ser feito. Um consumidor tem uma necessidade e compra determinado produto para atendê-la. Um fornecedor possui uma matéria-prima, e a organização estabelece um acordo de fornecimento. Ou seja, as relações sistêmicas ocorrem por paixão, interesse e/ou necessidade.

A parte visível que equilibra esses acordos ou contratos é justamente o dinheiro. As partes avaliam suas possibilidades e estabelecem os valores, ou seja, a quantidade de sangue em troca de algo. E, de tempos em tempos, voltam a conversar e a fazer ajustes necessários. Claro que a conversa nem sempre ocorre sentando-se um com o outro. No mercado de commodities, por exemplo, essa é uma grande conversa coletiva que acontece sem muito diálogo aparente, via mesas de negociações.

Acontece que é apenas da parte visível que os membros de um sistema costumam ter maior preocupação e consciência. Mas na verdade há algo muito mais sutil e poderoso que regula essas relações, os contratos relacionais, a cultura, o jeito de fazer as coisas. Na prática, à medida que as informações passaram a ficar mais disponíveis e, portanto, as tecnologias praticamente se equalizaram, a oferta de produtos e serviços passou a ser cada vez maior e com preços potencialmente menores. E isso fez com que sistemas passassem a se equilibrar por fatores muito mais sutis do que preço, os valores.

O que creio é que seja esse grande motivo pelo qual as organizações estão hoje falando de cultura como nunca antes. A verdade é que para se manter vivo em um sistema, os membros precisam não apenas estar de acordo sobre a quantidade de sangue que será colocada em troca, mas a forma com que essa relação irá ocorrer passa a ter um valor ainda mais forte na sustentação desse vínculo.

Pense nos funcionários de hoje, não basta uma remuneração justa, se a empresa não entregar outros valores como oportunidade de desenvolvimento, meritocracia, diversidade, autonomia etc., é provável que esse contrato se rompa mais rapidamente, ou nem se inicie. Assim também com fornecedores, não basta um preço justo. Se o fornecedor não percebe que há flexibilidade, integridade, transparência, diálogo etc., também coloca em xeque aquela relação.

Houve um cliente em que fizemos essa reflexão sistêmica. Mapeamos os principais stakeholders e a cada um deles fizemos as seguintes perguntas: 1) Em que medida há uma percepção de equilíbrio nesta relação? e b) Quais valores equilibram esta relação?

Era com surpresa que o time executivo tomava consciência de quais eram os verdadeiros direcionadores que sustentavam o negócio em questão.

Essas duas simples perguntas são extremamente poderosas. Por meio delas, é possível perceber que não estamos sozinhos no mundo. Notamos que quando há equilíbrio de troca, todo o sistema se fortalece. É como apontado por Bert Hellinger na Teoria das Constelações Sistêmicas: quando não há equilíbrio entre dar e receber, o sistema todo perde força. Naturalmente, que não se nota isso de forma imediata, é um dano a ser percebido no futuro.

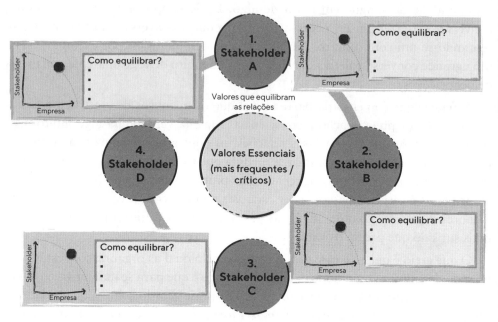

Equilibrando o Sistema

Esse é o grande diálogo que uma organização pode fazer consigo e com seu sistema. Dessa reflexão, nasce a consciência de interdependência — que não é dependência —, de interesses e necessidades, da parte e do todo. Dessa perspectivas, todos são olhados, todos são vistos, todos pertencem. A primeira lei sistêmica que não deve ser ferida: todos têm o direito de pertencer.

É disso que nascem os valores de uma organização e os contratos que sustentam as relações. Surge, assim, a consciência de potenciais desequilíbrios sistêmicos e, consequentemente, os riscos para a parte (negócio) ou para o todo (sistema). Também se percebe que os valores de uma organização não devem nascer de um lugar egoico. Não se trata de listar coisas que eu valorizo. Mas, sim, de se conscientizar sobre como fazer parte desse sistema vivo, dar e receber, e sobreviver. A parte e o todo. Todos!

As empresas ainda confiam em seus planos estratégicos egoicos (formato L) e consequente lista interminável de ações no que tange a ampliar a consciência de sentido de direção e prioridades de um organismo vivo.

Não há que se opor a planos e direcionamentos, mas há um poder oculto nos valores das organizações. Se recorrermos à literatura de gestão no que tange aos direcionadores estratégicos de uma empresa, há uma clara supervalorização da Visão (e, consequentemente, da estratégia) e Missão (e, consequentemente, da Cadeia de Valor e Modelo Operacional), em detrimento dos Valores Organizacionais.

Os Valores são e sempre foram o "patinho feio" dos direcionadores estratégicos. Em geral, são escolhidos quase que sem critério, ou apenas procurando responder a perguntas como: O que valorizamos aqui? Como fazemos as coisas? Do que não abrimos mão? Depois vira uma lista de frases em um papel do qual pouquíssimas instituições se valem no dia a dia.

Da forma rasa e não sistêmica com que vêm sendo aplicados, acabam trazendo pouca contribuição. Se somarmos a isso o fato de as organizações estarem mais orientadas ao "o que fazer" do que o "como fazer", os Valores, assim como os comportamentos, perdem visibilidade total.

Além disso, como a consciência social está presa e condicionada à dualidade, os Valores, quando descritos, carregam essa não integralidade. A lista de valores das organizações é limitada por esse viés de consciência. Ainda, com a intenção de se estabelecer ordem e controle, em um modelo mental de não confiança. Os Valores são descritos olhando apenas ao lado tido como "luz" daquele valor. Um exemplo, a inovação, percebida com bastante importância na atualidade.

Uma vez, conversava com um cliente sobre os Valores de sua empresa, e o aspecto inovação, naturalmente, estava entre a listagem. Tratava-se, entretanto, de uma instituição de saúde. Eles estavam bastante confortáveis em incluir simplesmente inovação à tábua de convicções. Até que questionei: "Todos aqui podem inovar irrestritamente?" Alguns afirmaram que sim, enquanto outros perceberam a limitação (se não hipocrisia) e a eventual confusão que esse valor poderia causar na mente das pessoas.

Qual é a liberdade de inovação em um centro cirúrgico? Imagine-se indo a um hospital para submeter-se a uma cirurgia e, acho chegar no centro cirúrgico, encontre na porta uma placa com os dizeres: "Aqui cada momento é uma oportunidade de inovação". Com você se sentiria? De forma equilibrada, "Inovação com Segurança" foi o termo encontrado que permitiu àquela empresa a expressar melhor o verdadeiro contrato relacional desejava estabelecer. Percebe a diferença?

Quem são seus stakeholders críticos? Em que medida há um equilíbrio de interesses com cada um deles (equilíbrio entre dar e receber)? Qual o risco de um estremecimento ou até ruptura nessas relações? Que impacto teria no seu negócio? A grande pergunta estratégica e sistêmica que uma empresa deve fazer é: como manter equilibradas as relações com os stakeholders críticos? É desta pergunta que nasce o verdadeiro potencial evolutivo de uma instituição. E a resposta está nos Valores Organizacionais. São eles que regulam os contratos sociais com os stakeholders e, portanto, diferentemente do que diz o senso comum, devem ocupar um lugar primário nas diretrizes estratégicas.

Os Valores são os verdadeiros direcionadores da estratégia de um negócio. Como vimos no início do livro, se a fonte de valor perene da empresa não for nem a Estrutura da Indústria, nem qualquer Vantagem Posicional, ambas a cada dia mais raras no ambiente de negócios, os Valores, que sustentam os contratos relacionais e que formam a cultura, são os verdadeiros responsáveis pela sustentação de uma organização.

Ou seja, a cultura, por meio dos contratos relacionais com os membros do ecossistema é a grande sustentadora de valor perene no tempo. Digamos que aqui eu tenha respondido esta pergunta que sempre me acompanhou durante toda minha carreira e que deu origem a este livro. Mas é preciso um olhar sistêmico para reconhecer isso.

Cultura Organizacional

Cultura é um tema sistêmico e complexo, e paradoxalmente, só se lida com a complexidade com simplicidade. Assim sendo, como vimos, não basta observar e tratar os fenômenos da superfície. Hierarquia, burocracia, pouca inovação, morosidade etc. são apenas sinais de uma cultura que não vai bem e não a raiz do problema. Já vimos também que tratar os sintomas traz resultados temporais e insuficientes, modelo bumerangue, pois, sem olhar para "o que sustenta esses fenômenos", nenhuma mudança verdadeira ocorrerá.

Ao contrário, haverá um sentimento de que muito foi feito, mas de que nada mudou, e os problemas voltarão a aparecer. Além de um sentimento de hipocrisia, pois o discurso logo voltará a não condizer com a prática. Esse foi o sentimento que carreguei por muitos anos ao final de projetos e que me gerava frustração recorrente. É claro que todos estes movimentos feitos são bem-intencionados, mas é preciso um olhar cuidadoso e aberto para refletir sobre suas limitações e abrir novos horizontes de possibilidades.

Modificar culturas implica em reconhecer que há verdades ou modelos mentais a sustentar o passado, e que agora limitam a evolução daquele contexto no presente/futuro. Isso porque, o modelo mental antigo é percebido pela cultura instalada como paradoxal à nova verdade que se revela necessária — um falso paradoxo, o Lobo. É como acelerar um carro com o freio de mão puxado. Um sem-fim de ações para promover a mudança (acelerar), com um modelo mental ainda preso no passado (freio). É como querer emagrecer seguindo uma dieta tecnicamente perfeita, mas com o mesmo padrão mental de comer em excesso. O corpo faz um esforço enorme, mas a mente (consciência) boicota. Enquanto não houver o questionamento "o que sustenta esse sistema?", serão inúmeras tentativas frustradas.

Reconhecer e acolher esse falso paradoxo é o movimento simples que desata o nó da complexidade de uma cultura e libera o potencial latente daquele organismo vivo. Portanto, mudar culturas não é um exercício meramente analítico e de ação, mas de profunda reflexão, vulnerabilidade e de autoconhecimento, um movimento corajoso de observação da realidade e de ampliação de consciência.

Uma mudança de cultura ocorre quando há uma escolha consciente a um convite que a realidade apresenta: abrir mão de uma verdade a qual a organização e as pessoas foram identificadas por muito tempo, para criar algo novo, verdadeiro, real, perene, sustentável. Consigo e com o outro. A parte e o todo, juntos.

Como a cultura se revela?

Voltando ao Modelo de Coesão, a primeira consciência sistêmica acontece quando reconheço a qual propósito sirvo. Junto desse reconhecimento, nasce a consciência que não estou servindo sozinho a esse desígnio. Assim como surge a compreensão de que todas as partes do sistema atuam para o melhor benefício do propósito, e não de si próprio. E isso só é possível com muita confiança e diálogo.

Deste diálogo, revelam-se os contratos relacionais e a cultura do sistema e de cada uma de suas partes. Naturalmente que esses aspectos não são os mesmos, mas são sincrônicos. Se compreendo o que cada parte necessita, e o que preciso, construo vínculos fortes de duradouros. Construo um sistema forte e uma organização forte. Note, não se trata de um diálogo pontual. Uma conversa e pronto. Trata-se de uma dinâmica contínua, com atenção, pois a realidade muda a cada instante.

Assim revela-se a cultura de uma organização. A forma com a qual a empresa irá responder às próprias necessidades e do sistema. Protegendo o sistema, a si e conscientizando todos que ali escolheram compartilhar daquelas escolhas. Não se trata de fazer algo porque achamos que é melhor ou pior. Mas de coexistir a um sistema e proteger o propósito maior. A cultura é uma teia de acordos sociais, assegura confiança e ao mesmo tempo traz eficiência e senso de pertencimento. Com o risco de se tida como imutável, matar o órgão, ou todo o sistema.

Imagine uma hipótese: a gênesis de uma cultura no mundo. Imagine os dois habitantes da Terra. Um belo dia, eles se encontram. Até então, imaginavam ser os únicos habitantes daquele lugar. Difícil dizer, mas ao se encontrarem deve ter havido um misto de maravilhamento e medo. Maravilhamento, por não estar só.

E medo, por não estar só. Imagine que até aquele momento ambos podiam fazer o que bem entendessem, sem se preocupar com nada nem ninguém. Imagine que desse encontro fizeram um acordo: ninguém mata ninguém ao se encontrar.

No dia seguinte, se encontram novamente: trocaram olhares, houve sentimento de dúvida no ar, mas cumpriram o tal acordo. Passaram uma semana se encontrando, e, ainda com desconfianças, o acordo seguiu se confirmando. Meses passaram, a dúvida cessou, e ambos passaram a confiar no acordo relacional preestabelecido. O primeiro dessa cultura, o primeiro nó da teia de relações que podemos chamar de cultura: "Eu não mato você e você não me mata".

Após algum tempo, um novo acordo é proposto: "Um caça ao norte, outro, ao sul". Mais tempo passa, ambos sustentam o acordo. E um novo nó no tecido cultural é formado. Agora temos uma teia com dois nós, e dois nós firmes, pois ambos vêm sendo cumpridos. Note que a analogia da teia é boa, pois serve como uma rede de proteção da relação. Sem uma rede de proteção, a todo momento os dois estariam em risco. Sem os acordos preestabelecidos, haveria dúvida, insegurança e seria necessário definir novos acordos a cada encontro, uma grande ineficiência, concorda?

Ao longo de anos, esses primeiros humanos da terra foram criando e aceitando acordos de convivência que os permitiram viver de forma harmônica, equilibrando interesses. Afinal, uma observação relevante, o acordo só ocorre quando as partes aceitam o proposto. Parece óbvio, mas mais a frente veremos que não é nada óbvio quando se trata de cultura.

Chega uma nova geração, os filhos aprendem com pais acordos que foram já estabelecidos. Note que não foram estes a fazerem os acordos, mas estão inicialmente submetidos aos acertos pela limitação em articular outros tratos quando pequenos. As crianças aprendem então o que "devem" e "não devem" fazer, sob os acordos de quem chegou antes. De forma inconsciente, elas "assinam" esses contratos. Elas mal sabem as razões, mas aprendem que "é assim que se faz".

Entretanto, elas passam a fazer parte do sistema, e, portanto, têm o direito de pertencer. Isso significa que precisam ser olhadas e que, para isso, têm o direito e o dever de se expressarem a todo e qualquer momento. Concordando ou não com os pactos preexistentes, deveriam agir sob a ótica daquilo, considerado o melhor para todo o sistema, e não apenas pelo próprio interesse.

Aqui entra o desafio, pois nossa sociedade é ao mesmo tempo egoica e tradicionalista. Os acordos relacionais que sustentam nossa cultura não possuem uma visão sistêmica. O que falar o modelo mental "antes ele do que eu"? Ao mesmo tempo, a cultura pede para que seja respeitado o passado, a tradição. Consegue ver o resultado?

Assim acontece também nas organizações. "Pato novo não mergulha fundo", diziam alguns executivos de um cliente quando olhávamos para os modelos mentais a sustentar determinado sistema, cultura. Eles reconheciam que naquela empresa quem chegava de fora não tinha espaço para questionar, precisava primeiro aprender como as coisas eram feitas. Era uma crítica ao sistema, pois estavam perdendo pessoas novas e talentosas regularmente.

Em minhas primeiras semanas como membro da McKinsey, ouvi de um sócio em resposta a ideias que eu propunha para determinado projeto: "Você pode dançar tango, mas aqui a gente dança samba. Primeiro você aprende nossa dança para depois querer propor algum passo diferente". E ainda completou: "Aguenta firme dois, três anos que, mesmo se você não for promovido, você ao menos sai daqui em outro patamar, podendo se recolocar facilmente".

Ali estava diante de um convite. Era como uma mão se estendendo para mim dizendo: "Você aceita esse convite de calar-se até que você seja um dos nossos?". Por mais que eu entendesse e admirasse a McKinsey, naquele momento percebi que ali não era o meu lugar.

Estava endividado, tinha acabado de voltar do MBA no exterior, havia trocado de apartamento. Minha filha Marina era recém-nascida e minha então esposa, Fernanda, acabara de largar uma carreira executiva na J&J para seguir um novo caminho como designer de interiores, e, para isso, se tornado estagiária de um escritório de arquitetura. Eu não tinha nenhuma outra oferta ou possibilidade de emprego em vista.

Mas não dava para eu ferir a minha verdade. Calar-se era um convite que eu não poderia aceitar. Isso significaria não pertencer. Significaria estar representando um todo, de uma marca incrível, mas sem ser visto verdadeiramente, sem ser autor, sem ser parte. E a resposta não demorou a vir. O meu primeiro projeto acabou, e eu deixei a McKinsey.

Mas note a tentação. Calar-se por uma marca de alta reputação, por um salário que pagaria minhas contas e minhas dívidas, por trabalhar na única empresa em que havia desejado trabalhar. E, ainda, dar segurança a minha família, não ficar desempregado, não sujar o meu currículo (tendo ficado tão pouco tempo por lá), para, eventualmente, me tornar sócio...

É por conta dessas tentações que as culturas se sustentam. As pessoas aceitam os convites que lhes são feitos. No caso dos filhos, eles aceitam a tradição familiar especialmente para fazerem parte do sistema. Entendem que dizer não às tradições significaria ser excluídos da família, e este é o medo maior de qualquer indivíduo.

É por isso que as culturas, formadas por múltiplos contratos relacionais se sustentam, mesmo que inúteis. Todo ser humano tem uma necessidade de pertencimento, não pertencer a um sistema, a uma família, grupo ou empresa, é como a morte para muitas pessoas. Elas oferecem muito para fazer parte, muito, muito mais do que se pode imaginar.

Ao mesmo tempo, a tentação pode significar um convite à vitimização, algo muito comum nas organizações. As pessoas aceitam um determinado papel sob a falsa verdade de que são funcionários, menores, e que devem seguir as orientações. Ou de que precisam do salário e que, por isso, estão ali. Muitos simplesmente culpam a empresa, não percebem a posição de vítima em que se colocam, não percebem que tal acordo se sustentará enquanto os papeis de vítima e algoz forem sustentados.

O pertencimento é justamente o que está em questão quando lidando com culturas. Não à toa, quando diante de uma mudança cultural organizacional, muitas pessoas relatam não se sentirem mais parte daquele lugar. "As mudanças foram tantas, que já não reconheço mais esta empresa". Uma frase muito comum nesses contextos. E de fato é isso o que ocorre.

À medida que as pessoas se acostumam, ou se condicionam à cultura, elas, na verdade, estão assinando virtualmente muitos contratos relacionais, estão dizendo sim ou não para tudo aquilo que aquela comunidade escolheu dizer sim ou não, o que é certo ou errado. Esse "de acordo" é bastante sutil e quase imperceptível, mas muito forte.

Ao dar o "de acordo", todo o mecanismo social daquela cultura passa a acolher a pessoa. Na prática, você vai aprendendo a lidar com o tecido social, e quanto maior a sua aderência, maior você se sentirá "em casa". É notável a armadilha. O ser humano busca um lugar de pertencimento, entretanto, esse é, em geral, um sentimento falso, pois não representa nem a essência do indivíduo, nem a real necessidade daquele sistema.

As chamadas "culturas fortes" se orgulham por serem capazes criar um ambiente com forte capacidade de expurgar a quem não se adeque. Por um lado, isso é um efeito necessário em todo sistema vivo. O corpo humano tem mecanismos de expurgar o que não precisa ou o que faz mal. Por outro, assim como ocorre com o câncer, se o que estiver sendo mantido for, em longo prazo, maléfico para o organismo, pode ser tarde demais.

Como vejo, o sistema deve ter um mecanismo imunológico capaz de reter o que nutre e expurgar o que intoxica. A essas culturas denomino "cultura sadia", viva e capaz de reconhecer que os acordos não devem ser estáticos, dever ser dinâmicos, e, portanto, está em constante mudança, acolhe diferenças, o novo, gosta e quer conviver com a realidade, mesmo que isso seja ruim ou dolorido em alguns momentos.

A sociedade corporativa chama essas culturas de inovadoras. Eu olho com cuidado para tal definição, pois muitas culturas inovadoras são também pouco inclusivas, pouco abertas ao novo ou diferente.

Já presenciou a chamada cultura de inovação? Vá a uma startup de tecnologia, ali há uma supervalorização para o novo e uma quase negação para a ordem. Não à toa, muitas startups entram em crise quando atingem um crescimento em que a ordem é mais necessária. Ou seja, elas não acolhem a realidade verdadeiramente, elas supervalorizam o novo. Em geral as "culturas fortes" se sustentam por algum tempo, mas entram em colapso por estarem fechadas a dialogarem com o sistema, a terem uma visão contínua e aberta frente à realidade.

Me recordo de um cliente que nos procurou em uma ocasião. Era uma grande líder nacional de reputação inquestionável a enfrentar uma crise nunca vista. O diretor de recursos humanos me contava que eles achavam necessário repensar a cultura, mas que ao mesmo tempo não tinham ideia de como fazer isso, uma vez que a cultura era tudo o que eles sempre preservaram naquela organização. O resultado e a reputação da empresa eram atribuídos à sólida cultura construída desde a concepção do negócio. O mercado inclusive reconhecia isso e procurava adotar suas práticas, acreditando estar adotando "melhores práticas" — outra falácia no mundo corporativo.

No meio da conversa, ele me disse, meio envergonhado e tom de voz baixo, como quem se confessava a um padre: "Esta semana, nós contratamos um profissional que trabalhou conosco no passado". Eu fiquei alguns segundos em silencio, pois não tinha entendido o significado daquela revelação. Ele continuou: "Em toda nossa história isso nunca ocorreu. Um profissional que deixa nossa empresa é considerado uma traidor, e, portanto, jamais permitimos que volte, todas as pessoas da organização sabem disso."

Você pode ver a que ponto uma "cultura forte" pode chegar? Eles se tornaram reféns de si mesmos. Com o tempo e o reforço dos contratos relacionais e com o suporte de todos os mecanismos de reforço, uma organização pode se tornar cega à realidade. Ela se fecha aos acordos do passado, às verdades que trouxeram sucesso e vive presa em um modelo mental.

No contexto organizacional é também verdadeiro que o sucesso esteja igualmente atribuído a um resultado obtido. A exemplo da McKinsey, é inquestionável que aquela cultura já estabelecida tenha sido fundamental para o sucesso da empresa, e, portanto, quem aderir a ela, além de ser aceito, adotará comportamentos que levarão à obtenção de resultados superiores.

Dado esse histórico e essa força, as pessoas começam a adotar tais comportamentos, aceitando os convites relacionais, e são influenciadas pelo ecossistema todo a continuarem assim. Há, portanto, um feedback cíclico sistêmico que reforça constante e rapidamente tal comportamento.

Ao se cristalizar, ou seja, quando deixa de ser questionado, o comportamento vira uma realidade oculta. Ninguém pergunta se deve ou não fazer assim ou assado. Pior, ao cristalizar, conforme as pessoas vão se adequando àqueles comportamentos e tendo resultados positivos, passam a se identificarem a esses dogmas. E é aí que mora o grande perigo. A identificação é em curto prazo percebida como positiva: "Esta pessoa tem uma alta adequação cultural com a organização".

Entretanto, ao identificar-se a algo, corre-se o risco de criar-se uma ilusão, e o indivíduo corre o risco de cair em uma paralisia. Esse fenômeno é mais fácil de perceber em religiões. Uma pessoa que se denomina cristã, ou judia, ou islamita, acredita tão fortemente nas verdades ou dogmas que lhes foram passados, que se autodenominam: Eu sou isso, ou aquilo.

Quando Jesus apontou uma nova verdade aos judeus, por exemplo, revelando que havia uma força superior (que foi denominada Deus), que estava presente em todos, ou dizendo que os desastres e sofrimentos humanos nada tinham a ver com um Deus punitivo, que castigava em função dos erros ou pecados de cada um, mas isso era um mero resultado da própria lei do universo do dar e receber, ele não foi apenas rejeitado, mas morto. Vê a força de uma verdade cristalizada? A questão aqui nem é sobre definir o que era verdadeiro, a verdade dos judeus ou de Cristo, essa é uma busca particular de quem queira acessar a verdade por si mesmo, mas a consequência desse fato mostra a força de uma verdade engessada, da qual aliás, sofremos as consequências até hoje, mais de dois mil anos depois.

A cultura é, portanto, a capacidade de um organismo social se conectar a sua realidade, criando vínculos autênticos, flexíveis e sustentáveis, e, assim, encontrar o seu melhor lugar de contribuição para o mundo. Consegue perceber algo de maior

> Edgard Schein define cultura como "resíduo de sucesso do passado". De fato, à medida que os contratos relacionais são aceitos por um determinado período de forma consistente, aprende-se que comportar-se de tal forma é o certo, e, portanto, a pessoa crê ter sucesso, já que isso sucesso significa ser aceito em um determinado ambiente.

valor, de vitalidade e perenidade dentro de uma companhia? A cultura é o que permite uma organização manter a vitalidade dentro de seu sistema. Acha pouco?

Modelos Mentais

O condicionamento ou a prisão a verdades preestabelecidas integram o que chamamos de modelos mentais. Já a cultura nada mais é do que a soma de modelos mentais compartilhados. Na medida em que determinados contratos relacionais são empregues e cristalizados, o sistema passa a adotar tal postura como uma verdade inquestionável, incorruptível, uma caixa preta. Com isso, já não discuto certas normas, assumo como legítimas. Pior, todo o sistema assume como verdadeiro, e se alguém ousar questionar... morte!

Os modelos mentais funcionam como os óculos, uma lente pela qual você vê o mundo. Ele define o que você vê e o que não vê. Parece exagerado, mas é a mais pura realidade. Uma vez que você escolhe algo como verdadeiro, sua mente precisa saber o que é falso para contrapor. E é aí que mora o perigo. Tudo aquilo que você vê como falso, você nega, e, portanto, você não vê.

Volto ao exemplo da crença sobre a Terra plana (OK, ainda há terraplanistas que defendem esta possibilidade, mas não me cabe aqui abrir julgar, somente avaliar as consequências de tais modelos mentais). Por causa dessa teoria, a sociedade daquela época não se permitia navegar para além do horizonte, pois acreditava que assim o fizessem, cairia no fim do mundo. Há, inclusive, um município da Espanha chamado de Finisterra, considerado como o extremo mais ocidental da Espanha, que carrega esse nome justamente por essa ideia. O que hoje é o Caminho de Santiago de Compostela já existia como uma rota de peregrinação que se encerrava em Finisterra. Os peregrinos atravessavam o continente até o "fim da terra". Muitos não entendem por que até hoje a concha é um dos símbolos do Caminho de Santiago, já que Santiago (cidade) não é uma região litorânea. O símbolo é na verdade mais antigo que a cidade de Santigo e que a tradição do Caminho. Quando os peregrinos caminhavam até Finisterra, essa sim uma cidade litorânea, traziam de volta para suas casas uma concha, como prova de que estiveram lá. A tradição mudou o nome do caminho de peregrinação, mas não mudou um de seus emblemas.

Além do dado curioso, esse fenômeno também fala muito sobre como funcionam as tradições e culturas; muitas vezes se repete ou se mantem um símbolo que já não carrega qualquer significado, sem nem se saber por quê.

Estamos repletos destes símbolos em nossa sociedade, repetindo ou até venerando, sem nem questionar as razões. Um pequeno exemplo da tendência da sociedade de se condicionar.

A verdade que a Terra era plana limitava os navegantes de explorarem novos territórios. E o que houve quando isso foi questionado? Negação, repressão e muitos que apontavam essa possibilidade foram ignorados na ocasião. Do ponto de vista social, a colonização só pôde ocorrer depois que esse paradigma foi quebrado.

Assim também ocorre com as culturas. Quando uma máxima se cristaliza, há muitos que jamais serão capazes de ver a realidade como ela de fato é. Mais do que isso, quem apontar uma nova possibilidade, pode correr grandes riscos.

Galileu Galilei foi condenado pela Igreja Católica no ano de 1633 por heresia e cumpriu prisão domiciliar por quase uma década até sua morte, pela sua teoria heliocêntrica, que afirmava que o sol era o centro do universo, em oposição ao paradigma do geocentrismo, que dizia que a Terra seria o centro. Somente em 1992, o Papa João Paulo II reconheceu o engano.

Há quase dois mil anos, Jesus foi condenado pelo povo e crucificado por questionar as leis judaicas, entre elas, a de não existir um Deus punitivo, como acreditavam os judeus. A religião judaica existe até os dias de hoje, e o cristianismo, em muitas de suas dissidências, mantém até hoje essa perspectiva, promovendo a convicção de que é preciso não pecar para estar "limpo" diante de Deus.

Quando uma crença se cristaliza, vira como uma fotografia. Toda vez que você olhar para aquela imagem, verá a mesma coisa. A cristalização é como uma "pausa" que você cria em sua mente. Por alguma razão você percebeu o mundo daquele jeito, seja por opinião própria ou por influência de terceiros, assumiu aquilo como verdadeiro, identificou-se com aquela ideia, adotou comportamentos coerentes a ela por um longo tempo. Voltar atrás, ressignificar convicções pode, para muitos, causar a sensação de que tudo o que a pessoa fez até aquele momento não tem mais sentido algum. Isso é muito dolorido e gera enorme frustração.

Por isso, digo, a identificação é o grande vilão das culturas. E curiosamente as organizações atuam de forma enérgica no sentido contrário dessa noção.

Empresas e instituições querem que as pessoas se identifiquem a sua cultura para que possam navegar de forma mais efetiva lá dentro, e, naturalmente, para que possam desempenhar melhor. Já vimos isso, mas vamos analisar mais uma vez. Imagine um ambiente sem cultura estabelecida qualquer. Neste ponto da leitura, você já compreende que cultura é a soma de muitos contratos relacionais firmados e aceitos por um grupo de pessoas. Um ambiente sem cultura significaria que as pessoas não teriam qualquer acordo de relacionamento preestabelecido. Em um dia, poderiam ignorar uns aos outros. Depois, voltarem se cumprimentar. Em um terceiro dia, a se agredirem ou até matar.

A cultura, soma de verdades compartilhadas, de modelos mentais compartilhados, permite criar acordos de convivência. Estes acordos, criam uma primeira camada de relações, na qual as pessoas podem confiar umas nas outras. Na linguagem corporativa é a governança zero. Elas, podem se comportar de determinada forma, pois saberão que serão aceitas. Eis o primeiro tecido social pelo qual os indivíduos de um grupo aprendem a caminhar. É como uma rede de segurança social, repleta de nós. Se você pisar nos nós, estará seguro. Ao compartilharmos verdades, pisamos nos mesmos nós, e, portanto, podemos confiar uns nos outros.

A cada vez que acordos são confirmados, reforçam os nós, e o grupo se sente a cada dia mais seguro de pisar ali. Com o tempo os nós vão se tornando muito fortes, avigorando o sentimento de segurança. Ao mesmo tempo, à medida que não precisam mais ser recordados, os tratos geram uma grande eficiência. Por exemplo, nas organizações há um acordo tácito de que todos devem trabalhar vestidos. Isso significa que ao acordar pela manhã, ninguém precisa se perguntar: preciso me vestir hoje? Esta pergunta, que parece estúpida, é na verdade um ajuste relacional feito há muito tempo e que hoje é inquestionável. Se em uma reunião alguém interrogar o uso de roupas no ambiente de trabalho, no contexto social atual, provavelmente será percebido como um zombador, ou um louco.

As culturas deram passos adiante nesses arranjos. Por exemplo, ainda hoje, no mercado financeiro, não basta se vestir, é esperado para os homens terno e gravata (na grande maioria dos bancos a gravata ainda persiste), e, para as mulheres, algum traje social chique. Se você é um desavisado cultural e vai a um encontro de diretoria em um grande banco de jeans, camiseta e "sapatênis", corre o risco de não entrar na reunião.

A roupa, portanto, é um código ou símbolo cultural, uma verdade para aquele ambiente. Sem perceber, aos poucos, você se identifica aquela forma de se vestir, e com o tempo, não consegue se imaginar indo trabalhar sem gravata. Não é incomum ouvir relatos de profissionais que mudaram de empresa, ou passaram a fazer home office, sobre se sentirem mal por não estarem vestidas de acordo com o que costumavam usar. A pessoa se sente mal, como se estivesse fazendo algo errado, ou, pior, como se não estivesse trabalhando.

O exemplo é simbólico e de menor impacto em um processo de transformação, mas é assim que ocorre também com ideias e opiniões. As pessoas se identificam a verdades culturais e depois têm dificuldade de se libertarem. Uma cultura sadia, viva, íntegra é aquela capaz de criar acordos sociais sem tornar isso uma armadilha para si mesma. São combinações que valem enquanto fazem sentido, são vivas, um filme e não uma foto. Percebe a diferença?

Os modelos mentais são filtros que utilizamos para perceber a realidade, que carregam nossas experiências passadas e nossas certezas preexistentes. Eles entram em cena sem nos darmos conta. E com eles, nossa visão nunca é da realidade, nunca está verdadeiramente aberta a entender. E como nos identificamos com nossas verdades, quando são questionadas, sentimos como se estivéssemos sendo interrogados, quando apenas nossas i deias. E, daí, nascem muitos dos conflitos e desafios de mudanças culturais.

Quando Einstein disse: "Nós não podemos solucionar nossos problemas com o mesmo pensamento que usamos quando os criamos", aponta justamente para esse mesmo fato. As organizações se aprisionam em verdades e não percebem que os problemas são frutos de seus modelos mentais, pois nem os questionam. Veja sobre como são feitos os planejamentos estratégicos ou até projetos de transformação cultural. O plano de ação nasce sem nem haver o questionamento: "Por que chegamos aonde chegamos".

Shein, quando diz que a cultura é "resíduo de sucesso do passado", mostra outra faceta importante sobre a força dos modelos mentais, à medida que eles são "resíduos de sucesso". Ou seja, em algum momento percebeu-se que determinada crença era valorizada pelo sistema. As pessoas repetem aquilo que percebem como correto, e nem sempre questionam, quase nunca, na verdade.

Em um workshop com um cliente, um membro sênior da organização foi convidado para fazer a abertura. Ele trouxe um trecho de uma entrevista com Jack Welch, homem que revolucionou a GE e tornou-se referência mundial em liderança. Em uma de suas falas ele dizia que o líder deve agir como desburocratizador, ajudando sua equipe a tirar as pedras e árvores do caminho para facilitar a vida das pessoas e da organização. É evidente o valor que isso traz para uma empresa, especialmente em curto prazo. Entretanto, o e que não é feito é questionar: "Por que esta pedra veio parar aqui?" ou "Por que esta árvore nasceu no meio do caminho". Dentro das organizações, busca-se por eficiência, por soluções aparentemente positivas, mas não se procura entender de onde nasceram os problemas.

É evidente que as dificuldades não surgem porque alguém um dia acordou e pensou "hoje vou criar um problema, em vez de uma solução", salvo pessoas mal--intencionadas. Mas é claro que eles nasceram como fruto de uma boa intenção, mas geralmente presos em verdades inquestionáveis. Quem um dia decidiu tirar os lobos do Parque de Yellowstone, seguramente estava buscando solucionar um problema. E o fez, nem curto prazo os alces deixaram de morrer, proliferaram e devastaram todo o ecossistema. Mas isso só foi visto quarenta anos depois.

A cultura é o comportamento espontâneo (inconsciente) e esperado de um sistema, seja ele uma família, uma organização, uma cidade, uma indústria, um clube etc. Ele se forma por reforço/consequência (positiva ou negativa) e se estabelece pois se torna "resíduo de sucesso do passado" (Schein). Embora seja mais fácil descrever a cultura em forma de comportamento, ela, na verdade, tem origem nas crenças, ou modelos mentais, que são elementos bem mais difíceis de acessar e raramente são verbalizados de forma consciente. Portanto, não se muda cultura alterando comportamentos, mas, sim, ressignificando e/ou criando padrões mentais, novas consciências da realidade, novos acordos relacionais.

Mecanismos de Reforço

Como o próprio nome diz, são mecanismos criados no sistema que estimularão as pessoas a compreenderem quais os comportamentos esperados naquela cultura. "Me diga como você remunera as pessoas, que eu direi quais comportamentos elas adotarão". Esta é uma frase muito comum no meio das consultorias. De fato, há, sim, uma tentação muito grande das pessoas seguirem as cenouras que lhes são lançadas como iscas. Não à toa, os modos de remuneração e gestão de desempenho ganharam força.

Há, entretanto, um desafio maior, pois nenhum plano de incentivo é capaz de estimular, por si, todos os comportamentos valorizados de uma determinada cultura. As empresas que não acreditam nisso, criam culturas ainda mais mecânicas e limitadas, achando que estão sendo justas e precisas. Na verdade, construir cultura é justamente o contrário, é estar flexível a todo momento, podendo dialogar frequentemente sobre aquilo que parece ser justo no reconhecimento das pessoas que dão e, portanto, merecem receber meritocraticamente o que contribuíram, sem que isso prejudique o todo. O todo é soberano sobre a parte, o todo é maior que a parte. É preciso encontrar um equilíbrio em que, sim, reconhece-se a contribuição da parte, mas sem que isso prejudique o entorno.

Há muitos possíveis mecanismos de reforço que podem ser utilizados para que a cultura tome forma. Desde o local físico em si, até a maneira com que as pessoas se vestem. Também toda a comunicação, comportamentos esperados, políticas de benefícios etc.

Em geral, as organizações mudam os mecanismos de reforço acreditando ser suficiente para transformar o comportamento e a cultura, mas há uma limitação. É preciso, sempre que possível, atuar nos modelos mentais, nos padrões de consciência coletivos, para que os "não" culturais se transformem em sim. Veja, caso a caso esse movimento deve ocorrer, sem certo ou errado, sem que um venha primeiro que o outro.

"E", um novo mindset cultural emergente – O que estamos vivendo na macrocultura?

13

"Quando os opostos forem percebidos como um, a discórdia se transformar em união, as batalhas se tornarem danças e os velhos inimigos se tornarem amantes. Daí então estaremos em uma posição para fazer amizade com todo o nosso universo, e não apenas com metade dele."

KEN WILBER

O homem vive em um estado de dualidade há milênios. Na Antiguidade, muitas culturas perceberam a importância do Sol, reconhecendo que sem ele, não haveria vida nem colheita no planeta. Assim o Sol foi o astro mais adorado de todos e, pelo seu poder de dar vida, personificado como um criador ou um deus: Hórus.

Na mitologia egípcia, Hórus foi adorado. Ele tinha, entretanto, um inimigo, Set, a personificação das trevas, da noite. Não é necessário voltarmos tantos mil anos para perceber o tempo que nossas culturas carregam essas dualidades de luz e sombra, bem e mal, certo e errado. Esse modelo mental está enraizado em nossa civilização. Desafiá-lo é como dizer a um cristão que Jesus não foi o Messias, o Cristo, ou a um Judeu que Jesus foi o salvador.

Entretanto, vivemos uma grande transição de consciência humana. Por milênios, caminhamos dentro deste mesmo padrão dual, e com isso, as evoluções culturais ocorreram de forma pendular e extremista, em que o novo só pode existir a partir da negação do velho. Evoluímos a partir da formação de dilemas que não coexistiam, para se ter B, não se pode ter A, ou, pior, B nasce da negação do A (tese e antítese). Com isso, o novo só pode existir se e quando se recusar o velho. Esse é um modelo de exclusão, um modelo não integral, o modelo "ou", diante de um dilema: ou A ou B.

Alguns estudiosos desse campo apontam que pela primeira vez na história, estamos, de forma mais coletiva, saindo do padrão dual, "ou" para um nível de consciência em que o "ou" é substituído pelo "e". Houve e há muitos indivíduos capazes de perceber e transcender a prisão do estado dual, mas não há relatos de uma sociedade que tenha atuado coletivamente a partir de uma perspectiva de consciência. Basta uma simples observação de cotidiano para notar o quão presos estamos nessa dinâmica dualista. Na política, direita ou esquerda. Na escola, o certo ou o errado. No esporte, o vencedor ou o perdedor. Na família, o membro ou a ovelha negra. Na religião, o que crê ou o ateu. Na carreira, o bem-sucedido ou o fracassado. Na inteligência, o que sabe e o que não sabe. Na execução, o dedicado ou o preguiçoso. Na alimentação, o carnívoro ou o vegano. Na natureza, o lobo ou o cervo. Vê?!

Assim também acontece nas organizações. Elas são construídas, quase que em sua totalidade, com base em valores duais polarizados. Em geral, leva-se muito tempo para que percebam as limitações desse olhar não integral. Pior, geralmente não percebem aquilo está tão impregnado na cultura que as pessoas mal consideram que exista algo além, ou quando consideram, estão tão presas a uma falsa verdade, que sequer conseguem olhar para a realidade como ela é.

As organizações são governadas por um campo de crenças comuns, por o que podemos chamar de "cultura corporativa coletiva". Trata-se de um conjunto de crenças compartilhadas e assumidas como verdadeiras, que dá forma à imensa maioria das empresas da atualidade. Ao longo de nossos trabalhos, temos observado a força limitadora que essas crenças cristalizadas exercem sobre as culturas de cada companhia.

Observando mais cuidadosamente, também notamos que, embora percebamos o impacto e força desse campo de cultura corporativa coletiva, os movimentos necessários de mudança culturais nas organizações são únicos. Ainda que haja na superfície uma sensação de que as empresas devam ser mais inovadoras, inclusivas, ágeis, menos burocráticas, menos hierárquicas etc., ao olharem para o conjunto de características esperados, sem olharem para si mesmas, as organizações acabam se perdendo e gastando esforços.

Na prática, o movimento de liberação do potencial latente de uma instituição a partir de sua cultura é singular. Pois a verdade que está limitando tal organismo de florescer é também particular. Com isso, os fluxos mudanças culturais que atuam apenas nos sintomas superficiais são difíceis, se não, impossíveis, pois o que freia a organização de progredir não está sendo analisado. É como querer acelerar um carro com o freio puxado, lembra? Existe apenas a preocupação para o que faz o carro correr mais, mas ignora-se o que fez e faz o carro ficar no mesmo lugar.

Mas é válido notar e reconhecer que há uma cultura corporativa coletiva que governa a cultura corporativa individual, esse olhar permite, inclusive, saber até onde uma organização está verdadeiramente disposta a liberar seu potencial. Explico:

Como já falamos, um dos modelos mentais que governam as organizações atuais é o "antes ele do que eu", um modelo de competição, de escassez, em que a resultante é a guerra, e para se vencer, deve-se derrotar alguém. Esse modelo tem origem na ilusão do eu. É um padrão que coloca o "outro" separado do "eu". É um modelo que acredita que aquilo que eu faço com o outro fica apenas com ele. É um esquema que nega que o que faço com o outro, volta para mim, nega que o "eu" também sou o "outro", e o outro também sou eu.

Não é à toa que muitos caminhos espirituais ecoam a verdade de "faça ao outro apenas aquilo que você faria para você". Pessoas que superaram a força do ego, a ilusão da dualidade, percebem com clareza a força desse convite.

Vamos olhar para como a cultura corporativa nega essa verdade. Transcrevo aqui dois casos:

Caso 1

Após mais de um século no mercado, uma empresa líder global de bens de consumo iniciou um processo de renovação de sua liderança. Os profissionais do passado pareciam não mais responder às demandas do mercado. Os concorrentes, que antes não brigavam diretamente com os produtos e as marcas líderes, passaram a lançar itens muito similares com preços competitivos. Era necessário dar uma resposta, e rapidamente.

Um time interno foi designado para analisar a capacidade de inovação da empresa. Escolheram a principal concorrente para realizar um benchmark. Foram semanas de análises até que chegou o grande dia da apresentação das conclusões e das recomendações.

Reunião com toda a alta liderança: de forma provocativa, o grupo optou por apresentar as conclusões antes de detalhar os achados. Na página inicial, a escolha foi por duas fotos: um dinossauro e um foguete — uma alusão a eles próprios em comparação à principal concorrente.

Na página seguinte, as principais conclusões em letras garrafais: "Paramos no tempo. Nossa capacidade de inovação é 300% inferior à de nossa principal concorrente". A alta liderança mal conseguiu esperar para entender os detalhes. Olhares foram trocados na sala, um clima de tensão cresceu. O time então detalhou alguns de seus principais achados, entre eles:

	Empresa	Principal concorrente
Tempo médio de lançamento de produto	6 meses	10 semanas
Quantidade de produtos lançados por ano	2,5 produtos	12 produtos
Quantidade de apresentações por ano	8 apresentações	30 apresentações

Dados sanitizados
Quadro Caso 1

Ainda compararam o processo de lançamento de produtos das duas empresas. Em síntese, havia duas etapas que os analistas entenderam ser responsáveis pelo baixo desempenho da empresa em comparação ao principal concorrente. A primeira, no desenho das mensagens-chave do produto. O time relatou que a empresa concorrente era muito mais eficaz nesse item, pois usou a criatividade para torná-las mais atrativas ao público-alvo, e citou alguns exemplos — entre eles, a chamada de um sabonete em que, tecnicamente, o produto da empresa em questão possuía capacidade de hidratação 30% superior ao da concorrência.

Entretanto, a concorrência havia sido criativa e expunha em sua embalagem os dizeres: "Hidrata 50% mais". Nesse caso, o concorrente havia tido o *insight* de usar a água como base de comparação.

A segunda etapa estava na pré-validação do produto com os consumidores. A equipe mostrou que há anos, a empresa tinha a cultura de reunir os consumidores em grupos focais e apresentar os produtos antes do lançamento, a fim de capturar eventuais inconsistências de mensagens, entre outros problemas.

O grupo relatou que em muitos casos a empresa deixou de lançar o produto no prazo, pois havia, por exemplo, pela perspectiva do cliente, dupla interpretação de algumas mensagens em embalagens. Então, estimou um volume significativo de receita que fora perdida em função desses atrasos.

Por outro lado, o concorrente mais uma vez tomou uma atitude bastante criativa e adotou a prática de lançar seus produtos sem o olhar do consumidor, deixando para capturar eventuais problemas quando o item já estivesse no mercado, por meio do serviço de atendimento ao cliente.

A equipe de trabalho finalizou recomendando mudanças em quase todas as esferas organizacionais: processos, sistemas, modelo de incentivos e, fundamentalmente, pessoas, fechando a apresentação com uma frase: "Sem pessoas competentes, não seremos competitivos". O grupo chegou a mapear profissionais-chave dos concorrentes como recomendação de contratações.

Coloque-se por um instante no lugar do CEO ou conselheiro dessa empresa. O que você faria?

Caso 2

Em outro caso, uma empresa líder nacional de varejo esportivo de seu país, com uma marca respeitada pelos clientes e em um mercado ainda bastante promissor; uma organização que teve desde sua fundação a preocupação em estabelecer e manter relações de confiança com consumidores e parceiros estratégicos. Com o advento da internet, a empresa procurou formas de capturar oportunidades de negócios pela rede. Foi pioneira em criar um canal digital de vendas e levar ao mercado muitas novidades a partir desse espaço, como customização das páginas em função das experiências anteriores do usuário, avaliações de produtos, histórico de preço de determinado produto ao longo do tempo, entre outras muitas facilidades hoje encontradas em praticamente todos os seus concorrentes.

Após alguns anos de liderança no canal eletrônico, a empresa começou a conviver com muita concorrência, e com isso sua fatia do mercado no universo digital foi aos poucos diminuindo. Por um lado, havia a expectativa de esse movimento acontecer. Por outro, a marca ainda buscava, com inovação, encontrar formas de manter a liderança em acessos e vendas.

O vice-presidente dessa operação — uma unidade de negócios à parte, com perdas e lucros (P&L) independentes, dado o volume de negócios —, que havia sido o gerente responsável pela criação da área anos antes, era um profissional muito respeitado no mercado e estava frequentemente visitando concorrentes, buscando atualizações em leituras, congressos etc., com o objetivo de manter o departamento sempre na liderança, estimulando seu time a realizar o mesmo.

No início do último trimestre do ano fiscal, na apresentação de resultados para a diretoria, o vice-presidente (VP) de canais digitais previu que naquele ano a área ficaria abaixo aproximadamente 30% dos resultados esperados. Embora não fosse uma grande surpresa para a liderança, pois vinha acompanhando as perdas ao longo do ano, havia um desconforto geral, pois esse decréscimo impactaria na imagem do time frente a expectativas contraídas com o conselho de administração, e naturalmente o bônus de toda a diretoria (incluindo o CEO) e da empresa. Entretanto, seus pares o encorajaram, dizendo que ainda confiavam nele e em sua equipe para que criassem alguma inovação, o que sempre foi uma característica da área.

Semanas depois, um jovem talento desse departamento, retornando de um congresso internacional, disse ao VP que voltara com ideias, e pretendia testar algumas inovações com potencial de impactar as vendas. Entre elas, ele havia aprendido que muitos sites internacionais estavam adotando uma técnica de inverter o rankeamento de preços dos produtos, que originalmente abria em ordem crescente (do menor para o maior preço), para passar a carregar na tela em ordem decrescente (do maior para o menor preço). Muitos estudos mostravam que os consumidores tenderiam a não descer com a barra de rolagem, e, com isso, passariam a comprar os produtos mais caros.

Em semanas, o resultado das vendas cresceu significativamente. No fechamento do trimestre, a área pôde recuperar seu desempenho, revertendo a expectativa de não cumprimento de resultados.

Na última reunião do ano, o VP de canais digitais apresentou os gráficos e mencionou o jovem talento como grande responsável pela inovação, sugerindo sua promoção e uma bonificação especial. Tal sugestão foi aceita imediatamente. Na sequência da reunião, fora marcada uma conversa de avaliação de desempenho entre o VP de mídias digitais e o CEO da empresa.

Coloque-se de novo no papel do CEO da companhia. Imagine-se entrando nessa conversa. Como você a conduziria? Quais seriam as mensagens-chave?

Olhando para as implicações

Agora, vamos mudar um pouco de perspectiva. Imagine-se como consumidor nesses dois casos. Como você se sentiria? Ou melhor, como se sente? Afinal, o exercício não é nada difícil de fazer, pois vivemos essas experiências a todo momento: a operadora de celular que lhe oferece um pacote de dados que, na prática, não cumpre com a velocidade esperada; a empresa de consumo que reduz o tamanho dos pacotes de seus produtos sem alterar o preço nem comunicar o consumidor; o médico que faz você esperar horas para avaliá-lo em segundos, sob a justificativa de que sua remuneração junto ao plano de saúde o obriga a agir dessa forma ou aquele que o avalia como um consumidor potencial e recomenda uma operação, afinal é ali que está seu maior ganho.

Não faltam casos. Em 2015, alguns se tornam públicos, como o da Volkswagen, que por anos manipulou os testes de emissão de poluentes de seus veículos com objetivo único de obter ganhos financeiros. Isso resultou não apenas a queda imediata de suas ações e a demissão de muitos altos executivos, incluindo o CEO, mas também em uma enorme crise de confiança com o mercado em todo o globo.

A pergunta que surge é: que mundo estamos criando para nós mesmos? Como diz a música: "A mão que toca o violão, se for preciso faz a guerra". Estamos querendo ouvir música das mãos dos outros, mas, quando temos a oportunidade de usar nossas mãos, optamos pela guerra?

O curioso é perceber a imensa limitação de nosso pensamento sistêmico nesses e em muitos outros casos. A maioria dos executivos hoje toma decisões como as mencionadas nos dois episódios anteriores, e o que recebe em geral são elogios, promoções, premiações. Eles crescem em suas carreiras dessa maneira e formam um exército de pessoas (novos líderes) capazes de replicar esse modelo que hoje é predominante nas organizações de todo o mundo.

Surgem outras indagações: o que nos motiva a tomar decisões dessa natureza? O que nos inibe de perceber os impactos sistêmicos que causamos? O que nos bloqueia de acessarmos nossa consciência antes de agirmos?

O fato é que as organizações vivem, em sua maioria, sob o mantra da maximização de retorno ao acionista. O que isso significa? Significa que o propósito maior dessas organizações é o lucro. Presos no modelo mental "antes ele do que eu", presos no modelo egocêntrico, em que me vejo no meio do sistema e pergunto: "como extraio maior valor deste sistema?".

Formamos uma geração de maximizadores de resultados, aos quais chamamos carinhosamente de líderes. Eles têm sido capazes de elevar ao máximo resultados, mas não parecem observar as implicações sistêmicas disso.

Percebe a limitação que há para se falar de propósito genuíno? A verdade é que a maioria das companhias está apenas dando uma nova roupagem a um de seus tradicionais princípios norteadores, a missão, a razão de sua existência, procurando atender aos anseios das novas gerações, que passam a questionar com maior intensidade o que estão fazendo de sua vida ou, como é também uma característica de muitos, estão apenas seguindo uma moda organizacional.

Entretanto, esse "novo marketing" não muda em nada a essência dessas companhias. Afinal, ainda que se defina uma frase de impacto, mencionando o papel positivo que uma organização tem para a sociedade, se em um momento de decisão entre cumprir seu propósito e maximizar seus retornos, o primeiro for deixado de lado, é incoerente que ela o defina de outra forma.

Não há aqui nenhuma desprezo ao lucro, pelo contrário, este inclusive é um outro modelo mental limitante nas organizações, já que o dinheiro é fundamental para que uma empresa se sustente. Mas quando ele se torna o propósito maior de uma companhia o que ocorre? Vê?

Ao pensarmos nisso, acredito que encontramos o motivo pelo qual o tema propósito ocupa verdadeiro espaço no pensamento de líderes conscientes e corajosos para encarar uma mudança de paradigma de gestão. Esses líderes não estão criando moda, mas, sim, tornando-se conscientes dos impactos sistêmicos que o discurso atual tem causado na sociedade, na qual eles, nós, eu e você, fazemos parte.

No Brasil, vivemos uma grande crise de confiança política e moral. O mais comum é ver líderes inconformados com o que o governo tem feito. Raro é encontrar gestores refletindo sobre a forma com que eles têm feito negócios há anos no país e no mundo. É no mínimo curioso perceber que nas conversas informais esses grandes condutores parecem não estar assustados com a corrupção em si, mas com o volume de dinheiro que tem movimentado. À boca pequena é sabido que a busca por resultados financeiros superiores gera um estímulo corrupto em todas as organizações, não me refiro apenas à corrupção mais explícita, como o "dinheiro pra cá, dinheiro pra lá", ou você não vê corrupção nos dois casos acima?

Os jornais mostraram depoimentos dos principais chefes das maiores empreiteiras do país justificando seus atos com frases como: "Se nós não pagássemos propina, nossa empresa estaria falida hoje". Em outras palavras, esse é um grande exemplo de como o mantra de retorno ao acionista tem impactado no comportamento dos principais líderes de nosso país e do mundo. Eles mesmos não parecem perceber a barbaridade que é sua justificativa.

Pergunto: em que medida esse comportamento é diferente daquele jovem talento que alterou a ordem de rankeamento das buscas de ou da empresa que comparou a hidratação de seu produto com água? Somos capazes de perceber essa similaridade e de notar que é nessas pequenas "corrupções" justificadas pelo propósito maior de lucro que estamos construindo uma sociedade em absoluta crise de confiança? Afinal, em qual organização você verdadeiramente confia, em qual líder você verdadeiramente acredita? Qual é o custo dessa desconfiança para as companhias, para nossa sociedade, para nossa saúde, para nossos filhos, para nossa vida? O que estamos fazendo com a oportunidade de construir o mundo em que vivemos?

É evidente também que aqueles embebedados pelo padrão atual digam que não há outra forma de sobreviver nos negócios senão sob o mantra de "maximização de resultados". Afinal, não é dentro de uma panela de água já fervendo que um sapo percebe que esquentou demais.

Felizmente, há líderes conscientes e corajosos que procuram dar forma a um novo modelo mental, a esse formato de gerir um negócio no qual o propósito maior não é o lucro. O lucro é uma consciente necessidade, mas, acima de tudo, uma consequência.

É nesse espaço em que estão os líderes verdadeiros, capazes de construir instituições coesas, pois acreditam em um propósito maior. Não estão apenas criando mensagens de impacto: eles transpiram essa realidade. "Decidimos que nosso propósito e tudo que estamos fazendo nessa direção é de dentro para fora. Não iremos promover esse trabalho, pois ele deve ser simplesmente vivido, transpirado. Não se trata de uma campanha de marketing", dizia o *chairman* de um grande conglomerado consultivo ao contar sobre seu projeto de resgatar o propósito do grupo, que hoje possui mais de quatro mil funcionários no Brasil.

Caso 3

Outro caso que ilustra muito bem essa situação é de uma expoente no setor de tecnologia, cujo propósito era uma definição muito clara de contribuição com o bem-estar maior da sociedade.

Um recém-contratado diretor de *supply chain*, em uma de suas primeiras reuniões de diretoria, levou ao time uma grande novidade: havia descoberto um fornecedor muito bem qualificado, que resolveria um grande problema de distribuição que a empresa tinha havia anos. Ao finalizar sua apresentação, ele disse: "E o melhor de tudo: fechamos com ele um contrato de exclusividade".

Coloque-se como CEO dessa organização. O que você faria? Pois bem, o CEO daquela empresa imediatamente disse: "Cancele o contrato de exclusividade. Se essa empresa pode nos ajudar a melhorar algo, ela também pode auxiliar outras empresas e assim ajudar a sociedade. Além disso, não é saudável para ela nos ter como principal cliente. Ela precisa diversificar ou ficará vulnerável, e isso não é bom nem para nós nem para ela".

Os casos relatados aqui são verdadeiros, foram apenas descaracterizados como respeito às escolhas que fizeram. Mas servem seguramente para demonstrar o modelo mental limitante que sustenta algumas organizações, que remunera muito bem e sustenta também a imensa literatura de gestão e liderança no mundo. É como dizer que a Terra é redonda, no século passado, você se passa por louco.

Entretanto, não se trata de dogmatismo. Não há ajuda genuína em querer mostrar algo ao outro quando ele não quer ver. O ajudado (cliente) é quem vê, é quem define até onde quer ir. O papel do consultor é ajudá-lo a enxergar, a tornar consciente. É bem provável que ele opte por mudanças menos traumáticas, mas se ele viu, se pudermos ajudá-lo a notar o que nega, a verdade estará presente daquele momento em diante. Analogamente ao papel da abelha (Bee), esse é o papel que escolhemos desempenhar, lançar sementes de consciência pelo mundo, deixando que germinem no seu momento, respeitando o movimento de cada uma, admirando qualquer resultado que ocorra. Está tudo bem, está tudo certo.

Assim faz a criação, a mãe. Ela acolhe a semente e deixa germinar, nada pode fazer para acelerar o processo, apenas assegurar e cuidar daquilo que está nascendo. Assim é o Amor, não escolhe a quem amar, apenas ama e confia. Desejo que vejas, e que confie, e que ame, e que acolhas. Sem expectativa, apenas disponível para ver e acolher a verdade, livre de verdades e dogmas, de limitações, deixando fluir, assim como é a vida, fluida.

Desejo que observe com Amor toda a maravilha da natureza que nos ensina, a cada instante, a perfeição e a abundância do universo. Um lugar para todos, um ambiente em que ninguém é maior, ninguém é menor, um espaço de talentos e interesses múltiplos, que, quando somados, nos permitem comer o que alguém plantou e colheu, o que alguém distribuiu, o que alguém vendeu, o que alguém cozinhou e que o alimentou. Vê?!

Na confiança não há necessidade de competição, é apenas quando o desejo ultrapassa a necessidade que encontramos a miséria. Na necessidade todos vivemos abundantemente. É o ego quem cria o desejo. Organizações que se valem e estimulam o desejo criam a miséria da escassez, criam a miséria aos si mesmos, de seus filhos e irmãos, e a todos. Vê?!

Desejo que vejas e que confie neste ato, o ver é o agir. Desejo que assim faça suas escolhas, que não serão fáceis, mas asseguro que serão extremamente libertadoras e gratificantes. Confie, deixe essa semente de consciência atuar, ela sabe o que é, e sabe o que irá se tornar, apenas dê a ela um lugar de criação, esse lugar de mãe, esse lugar de Amor que acolhe a realidade e se encanta com o que é.

Quando uma organização adoece?

14

"A crença é uma negação da Verdade [...] Crer em Deus não é encontrar a Deus. Nem o crente nem o incrédulo encontrarão a Deus."

JIDDU KRISHNAMURTI

O mercado é um organismo vivo, complexo e em constante evolução e, por isso, aos poucos, as relações de interesse tendem a mudar. Só que, geralmente, essa dinâmica é percebida tarde demais. Com isso o sistema que estava em aparente equilíbrio, se desestabiliza, adoece, e a organização perde vigor, "atratividade".

É quando aquela verdade incompleta, valorizada e repetida por anos encontra o seu limite. Contrariá-la é ainda quase impossível, pois está, muitas vezes oculta, imperceptível. Como disse o psiquiatra Carl Jung, "você está subordinado ao que negas", ou como disse Albert Einstein, em uma tradução livre, "não podemos resolver problemas usando o mesmo modelo mental quando nós os criamos". De fato, o sentimento que encontramos nas organizações que estão diante da necessidade de uma evolução cultural é uma paralisia.

Uma vez o CEO de um grande grupo nacional, referência e líder absoluto em seu mercado, me confidenciou: "Sei o que nos fez chegar até aqui, mas tenho certeza que não é o que vai nos levar para o futuro, e pior, não tenho ideia do que é". E ele não dizia isso com um sorriso no rosto, como quem está confortável em não saber. Ele estava preocupado com o futuro daquele enorme organismo que há um século tinha bom desempenho, no entanto, futuro incerto.

Esse é um sintoma comum nas organizações as quais temos ajudado, elas em geral possuem resultados passados incríveis, entretanto um futuro nebuloso. Tem sido recorrente encontrar presidentes com este mesmo relato: "Nosso passado foi brilhante, mas nosso futuro..."

Vamos olhar para alguns casos de clientes a partir de seus respectivos Lobos, ou seja, a partir de um elemento que foi negado por anos na cultura, por parecer paradoxal, a sua "outra metade", tida como verdadeira.

Caso 1: O saber e o não saber — "Basta fazer o certo, sempre!"

Era uma cultura que de tanto acreditar que ninguém sabia fazer melhor do que eles, viu o mercado oferecer soluções de padrão similar a preços significativamente inferiores e sofreu uma crise financeira e de identidade sem precedentes.

Uma empresa de prestação de serviços que nasceu há quase um século, propondo-se a oferecer um serviço de altíssima qualidade em seu segmento a um preço premium. Naquela ocasião e contexto, a informação era escassa e de difícil acesso, portanto, a estratégia de diferenciação focada em conhecimento especializado fazia muito sentido. Com esse ideal, não bastaria contratar apenas bons profissionais. Para que a proposta de valor se materializasse era necessário o melhor, a nata.

E foi assim que ocorreu. O fundador cercou-se dos melhores profissionais da área, pessoas com o currículo invejável, sob a proposta de fazer o melhor, sempre o melhor.

Até os dias de hoje, algumas pessoas daquela empresa relembram uma frase muito repetida pelo fundador: "Basta fazer o certo, sempre". Tal dito representava um convite ao modelo mental que sugeria como as pessoas deviam se comportar naquele lugar. Percebem a força dessa frase? Percebem os muitos sentidos que carrega? Na prática, essa ideia possui várias mensagens implícitas, que serviram de sustentação para aquela cultura. Entre as diversas interpretações, há chamados, como se estivesse sendo dito às pessoas: "Para pertencer a este lugar você deve fazer sempre o melhor possível, com a melhor qualidade possível". O certo, no sentido ético; o certo, no sentido de não errar. O "basta" possui também uma mensagem ambíguo de simplicidade e, ao mesmo tempo, arrogância, como quem diz "quem não sabe o que é o certo, não tem lugar aqui".

Sob esse mantra, a organização tornou-se líder absoluto em seu mercado. Trabalhar ou ter trabalhado ali era sinônimo de competência. Foram anos atuando sob essa mesma dinâmica. Orgulhavam-se de ter os melhores profissionais, a melhor qualidade, a melhor reputação no mercado, o maior preço. Um círculo virtuoso se criou, o preço premium remunerava todo o investimento necessário para que pudessem se manter no estado da arte, seja do ponto de vista de novas tecnologias, de novas e melhores instalações e atendimento ou de novos e melhores profissionais.

É como diz Schein, "cultura é resíduo de sucesso do passado". Imagine ao longo do tempo o impacto desse lema no comportamento das pessoas. Era nítido o que se esperava delas, ou seja, já havia um reforço positivo, somado a isso, tal convite assegurou por anos resultados incríveis, financeiros, de reputação e credibilidade junto ao mercado. Mesmo quando o fundador não estava mais presente no negócio, aquela verdade se repetia por todos os poros da organização.

Algumas crenças foram se cristalizando ao longo do tempo, entre elas: "Ninguém faz melhor do que nós", "Nós sabemos melhor do que ninguém como fazer o que fazemos", "Nós somos a fronteira do conhecimento no nosso setor" etc.

O tempo passa, e a informação, que era escassa, se torna abundante.

Mas como tende a olhar para a realidade uma organização que tem modelos mentais cristalizados? Olha a partir disso ou acaba não conseguindo ver a realidade como ela é? E foi o que ocorreu. Com o tempo, a abundância de acesso à informação permitiu que outras empresas melhorassem substancialmente suas ofertas, e a custos muito mais competitivos. Se tornou difícil para a empresa sustentar preços tão diferenciados com serviços semelhantes.

A estratégia adotada foi de segmentação da sua oferta a partir de uma marca de "segunda linha" com oferta de preços mais competitivos. Diversas aquisições foram feitas e um grande dilema se formou. As empresas adquiridas traziam modelos de operação muito mais eficientes, entretanto, traziam também padrões de qualidade inferiores.

Como vocês imaginam que tende a reagir uma cultura que atua com padrões altíssimos de qualidade e excelência diante desse cenário? Pois bem, sob a verdade de que "nós sabemos melhor do que ninguém como fazer o que fazemos", havia pouco ou quase nenhum interesse em aprender com as marcas adquiridas sobre como criar uma nova proposta de valor.

Adicionalmente, sob a verdade de que "fazer o certo, significa fazer sempre o melhor", houve muita dificuldade de encontrar um "padrão inferior de qualidade" que fosse culturalmente aceito. Qual foi o comportamento que surgiu a partir disso tudo? A marca popular foi construída com uma estrutura de custo premium. Resultado, margens deterioradas, reputação questionada pelos clientes — afinal, eles são premium ou não? —, crise de identidade e de confiança interna e externa.

Foi um período extremamente turbulento, a organização, que era reconhecida por seus processos de gestão e sustentabilidade do negócio, formando sucessores como raras empresas no mercado, experimentou uma crise jamais imaginada. Para se ter uma ideia, em um período de cinco anos a empresa teve três presidentes, uma evidente anomalia naquela tradição, fruto do colapso e da incerteza vivida.

Por conseguinte, um fundo adquiriu o grupo e passou a controlá-lo. Mais uma vez, o ambiente reagiu fortemente "o que eles têm para nos ensinar?". Nesse caso, a cultura não teve tempo de evoluir sozinha, foi preciso um elemento externo com muito poder para impor um novo modelo de atuação.

Percebem a limitação que um modelo mental pode causar a uma cultura e seu negócio? Conseguem ver o Lobo, ou seja, o elemento que foi negado e que limitou a percepção da realidade? No nosso olhar, o Lobo dessa organização era o "não sei". O modelo mental "basta fazer o certo, sempre", implicitamente também diz: "Aqui não há espaço para quem não sabe qual é o certo sempre". Vê?

Era comum naquela empresa funcionários afirmarem: "Aqui não podemos errar"; "Ficamos discutindo detalhe a detalhe para garantir que tudo esteja certo"; "Os líderes não delegam, sempre querem olhar o detalhe"; "Estamos no estado da arte, mas não inovamos, inovar implica risco e nós não tomamos risco, o erro aqui não tem vez". Percebem que há uma prisão. Naquele lugar, as pessoas precisam "saber". Afinal, como uma companhia pautada no conhecimento e no fazer melhor pode admitir alguém que "não sabe"? É uma vergonha dizer que não sabe. Pior, quem não sabia, não está mais na organização. Todos ali são "sabedores".

O movimento que o sistema pedia para aquela organização era "simplesmente" acolher o não saber. Permitir sustentar o lugar de dúvida, o lugar em que se pode dizer "e agora que o mercado está mudando, o que podemos fazer?". O lugar em que é possível reconhecer: "Hoje já é possível fazer o que fazemos com muito menos, nossos produtos são caros?", "Há muitas empresas fazendo o que estamos fazendo de forma mais competitiva, temos algo a aprender com eles?", ou apenas "Quais padrões de qualidade podem baixar, sem comprometer nosso compromisso de fazer bem as coisas?".

Em contrapartida, no mercado, inclusive, a noção de que aquela era uma empresa de altíssimo valor foi se transformando para uma percepção de que aquela era uma companhia arrogante, muito cara, fechada ao diálogo, perdida no seu posicionamento. Percebe?

Este foi o primeiro caso em que o Lobo se revelou para mim. Estávamos em um workshop, eu e a equipe da Bee Consulting, em parceria com uma consultoria de grandes amigos. Eles conduziam determinada parte do treinamento com a alta liderança. Faziam uma reflexão sobre a cultura emergente na organização, até que um dos participantes revelou a frase de ordem: "Basta fazer o certo, sempre". Ele relatava com riqueza de detalhes os significados e as implicações desse modelo mental, complementando ser aquele pensamento um legado do fundador da companhia, falecido há quase 45 anos. Percebe como uma cultura se forma? E a força que tem um modelo mental?

Naquele momento, vi muito claramente que ali estava o grande freio sistêmico daquela empresa. Ali estava o que depois eu passei a chamar do Lobo sistêmico da organização. O elemento negado, o elemento proibido, o elemento que a cultura não permitia acessar – o não saber.

Ali tudo se conectava, os principais sintomas da superfície que aquela organização sentia parecer limitar o seu potencial: baixa capacidade de inovação, perfeccionismo, aversão ao risco, pouca autonomia, excesso de controles, burocracia, centralização das decisões, autossuficiência, arrogância. Algumas dessas percepções eram inclusive validadas por clientes externos, em especial o sentimento de uma empresa fechada e autocentrada, sem abertura para diálogo. "Há anos não temos uma interlocução de qualidade com eles e, quando temos, parecem querer sempre dar as respostas a partir apenas da perspectiva deles" dizia o presidente de um dos maiores clientes daquela companhia.

Vê como o modelo mental "basta fazer o certo, sempre!", que seguramente foi importante para o sucesso da empresa no passado mostra limitações? Vê a idolatria pelo "eu sei", "eu sou melhor"? Vê a negação do "eu não sei"? A tentação de olhar apenas para os sintomas da superfície e tentar criar um plano de ação para endereçar as faltas sentidas pelo sistema? Percebe que enquanto a cultura não acolher o "não saber", com todas as suas implicações, qualquer tentativa de tornar a cultura mais inovativa, mais aberta para diálogo, menos centralizada, com mais confiança nas pessoas, será em vão? Nota a origem sistêmica e a solução sistêmica? E que ainda que muitas ações feitas na tentativa de suprir os sintomas, haverá um "freio" puxando a organização para trás?

Era preciso ressignificar o acordo relacional "basta fazer o certo, sempre" que existiu por muitos anos. Há uma cura a ser feita. Há de se encontrar um lugar para o não saber nessa cultura. Não se trata de criar um movimento pendular e passar a idolatrar o não saber, trata-se de encontrar um equilíbrio saudável entre o "saber e o não saber".

Lembro ainda que, na sequência desse workshop, tivemos uma conversa com o presidente daquela organização e resgatamos esse falso paradoxo limitante. Aquilo tudo era ainda muito novo, embora forte para mim. A reação dele foi: "Falar para a organização acolher o não saber parece um papo de psicólogo, não vejo isso sendo um direcionamento de minha parte". Ou seja, estava claro para mim que não bastava eu ver o Lobo, era necessário que o cliente também o enxergasse, mas não apenas de forma conceitual, intelectual, pois assim é fácil e já se sabe o fim. Vira um "blá blá blá" de consultor, como uma vez ouvi de outro gestor em contexto semelhante, porém, positivamente: "No começo do nosso workshop, achei que você estava vindo com um 'blá blá blá' de consultor, mas agora vejo e agradeço pelo que você nos apontou".

Adicionalmente, me recordo haver um grande medo oculto nessa conversa que era — mas como vamos permitir o não saber, vamos falar para as pessoas que elas podem errar, mas não podem errar sempre, como vamos controlar isso? Esse é o primeiro sentimento que existe quando uma organização encara o seu Lobo, ela acha que precisa sair de um extremo "eu sei" e ir para outro "eu não sei". É o modelo mental "ou" estagnado na sociedade. E é claro que a empresa já fez a sua escolha. Afinal já escolheu dizer não para o não saber justamente por entender que ele não poderia coexistir em uma organização que tem como oferta de valor o "saber". Neste lugar é que se fica estagnado. É como no dilema lobo ou alce, quando escolho o alce, pois atribuo ao lobo algo ruim e perverso — ele mata alces —, pensar em acolhê-los novamente significa matar aquilo que mais preservei, os alces. Vê?

Para acolher o que se nega é preciso uma visão de toda a realidade, uma visão sistêmica e não dual. Preciso reconhecer o todo do lobo e o todo do alce, o "saber" e o "não saber", pois toda moeda tem duas faces, duas faces de uma única verdade. Quem vê as faces é o ego, que atribui juízo de valor, e ao conceber o bom ele precisa conceber o mal. Ou seja, se "saber" é e foi algo de muito valor (o bom), o "não saber" só pode ser o mal. Enquanto eu não acolho que o "saber" traz aspectos não apenas positivos, assim como o "não saber" traz aspectos não apenas negativos, dificilmente vou verdadeiramente acolher o todo e admirar a beleza da realidade não dual.

Algumas perguntas poder auxiliar pessoas a saírem dessa dualidade e as permitir olhar de forma integral ao apelo que é feito a elas. São convites para vivam os "lugares" que são criados em cada um dos extremos de um falso paradoxo e, finalmente, do lugar integral, em que se pode ver e acolher o todo com tudo o que ele traz.

Vamos olhar como isso se dá (considere um exercício reflexivo, pense você mesmo sobre as respostas, não se limite as que estão escritas, estas são apenas ilustrativas e não exaustivas).

Lugar a ser vivenciado: "Eu sei"

1. Descreva este lugar (olhe para o aspecto luz e o aspecto sombra):
    a. Luz: espaço em que as pessoas sabem e precisam saber, no qual o saber é valorizado. Aqui quem sabe é bem-vindo, é valorizado, reconhecido.

Quem está neste lugar é visto com grande reconhecimento externo, lugar dos melhores, lugar que o mercado confia etc.

b. **Sombra:** Espaço em que quem não sabe, não é bem-vindo, lugar no qual não se pode errar, em que você precisa primeiro se provar para depois dar palpite, Nesta perspectiva, a promoção depende do saber, com isso, os chefes sempre saberão mais do que você (centralização). Aqui, você tem que saber todas as respostas, tem que detalhar tudo para mostrar a melhor solução. Trata-se de um espaço repleto de arrogantes, de donos da verdade, fechado em si e em que há pouco diálogo externo e que subestima quem não faz parte.

2. Que papéis precisam coexistir para que tal sistema continue vivo? Note que todo sistema só se fecha quando há papeis que o sustentam:

    a. Alguém que espera que você saiba tudo.

    b. Alguém que reconhece que sabe tudo.

3. Quais sentimentos nascem aqui? Olhe o lado luz e o aspecto sombra.

    a. **Luz:** orgulho, desafio, comprometimento com o que é certo etc.

    b. **Sombra:** medo de errar, competitividade, arrogância etc.

4. Quais comportamentos são naturalmente criados? Lembre-se de olhar os aspectos luz e sombra.

    a. **Luz:** excelência contínua, aprofundamento conceitual, atenção aos detalhes, criticidade, atenção aos processos, olhar para dentro, qualidade etc.

    b. **Sombra:** competição, perfeccionismo, olhar para dentro, qualidade pela qualidade, pouca abertura ao externo.

5. Quais as limitações?

    a. Baixa inovação, foco excessivamente interno, baixo diálogo com stakeholders, morosidade de decisão (muito detalhe + medo de errar), etc.

6. Quais modelos mentais sustentam este lugar?

    a. "Basta fazer o certo, sempre!"

    b. "Não erre!"

Lugar a ser vivenciado: "Eu não sei"

Descreva este lugar (olhe para o lado luz e o lado sombra):

Luz: lugar em que o erro é tolerado, está tudo bem não saber, convive-se com a dúvida, permite-se inovar.

Sombra: lugar de imprecisão, com reputação questionável (não sabem?!), não há interesse em saber, em se aprofundar. Espaço de comodidade, despreocupado com o saber, de gente não inteligente.

1. Que papéis precisam coexistir para que tal sistema continue vivo? Note que o padrão só se estabelece quando há papeis que o sustentam.

    a. Alguém que aceita que não sabe.

    b. Alguém que aceita que o outro não saiba.

2. Quais sentimentos nascem aqui? Lembre-se de olhar os aspectos luz e sombra.

    a. **Luz:** dúvida, curiosidade, incerteza, imperfeição.

    b. **Sombra:** insegurança, baixa autoestima.

3. Quais comportamentos são naturalmente criados neste lugar? Olhe os lados luz e sombra!

    a. **Luz:** busca pelo novo, curiosidade contínua, conforto com o não saber, inovação.

    b. **Sombra:** imprecisão, pouca acabativa.

4. Quais as limitações?

    a. A busca pela busca – não se conclui nada.

5. Quais modelos mentais sustentam este lugar?

    a. "Tá tudo bem errar!"

Ao exercitarmos olhar para os extremos, cria-se a possibilidade de compreender, de forma mais clara, que uma cultura que escolhe um dos lados, se limita com o tempo. Pois há luz em ambos os lados. Uma cultura não integral vai colher os frutos de apenas um dos lados e, com medo da sombra do outro, vai proibir aquela cultura de acessar o outro aspecto, chegar ao Lobo.

Assim, nasce a consciência de que uma cultura dualista terá sempre uma limitação. Assim, nasce a consciência da necessidade da coexistência. "O que nego me submete" — disse Jung. E assim é. Enquanto nego o "não saber", me prendo, me limito e limito todo o sistema. Consigo viver com ele por algum tempo, mas haverá um momento em que o sistema irá sentir sua falta, o sistema irá adoecer, enfraquecer. E note que não há nada "externo" a ser feito, não se trata de uma nova estratégia, uma nova aquisição etc. Enquanto aquela cultura não acolher o não saber de forma inteira, com sua luz e sombra, o sistema terá limitações.

É muito interessante notar que os modelos mentais da sociedade estão tão presos a uma determinação dual — isto é certo, isto é errado —, que faltam até referências, arquétipos, que permitam as pessoas acreditar que aquilo é possível. Quando fazemos o exercício de refletir sobre a possibilidade de uma cultura acolher ambos extremos, de uma cultura integral, nasce, ao mesmo tempo, uma força e uma vontade enorme de se caminhar para essa vivência.

"Mas qual organização opera desta forma" é uma das perguntas mais frequentes que surgem. Presos no modelo mental de que só existe aquilo que alguém já provou que existe. Presos no passado, fechados ao presente, fechados ao que é vivo, fechados à realidade mutável da vida. Uma grande limitação. Não se percebe a força potencial que há naquele lugar, que não há nada que precise ser comprado, nenhum recurso faltante, nenhuma estratégia ou plano de ação a ser feito, apenas algo a ser acolhido e todo o potencial daquela organização vai para outro plano.

De tão presos, identificados ao padrão do passado, muitos indivíduos dos sistemas organizacionais. Ao negarem o não saber, simplesmente não se permitem errar, como então inovar?

Naturalmente que também realizamos a mesma reflexão a partir do lugar integral, com as mesmas perguntas. É neste momento que procuramos integrar o Lobo e permitir que se comece a reconhecer este novo lugar, esta nova cultura, uma cultura integral, que reconhece e acolhe toda a realidade, não apenas parte dela.

Lugar a ser vivenciado: "Integral — Eu sei e Eu não sei"

1. Descreva este lugar. Há inovação, padronização, expertise profunda e curiosidade. Aqui, se reconhece a necessidade do saber e do não saber. Certeza e dúvida são celebradas.
2. Que papéis precisam coexistir para que este sistema continue vivo? Note que o padrão só se estabelece quando há papeis que o sustentam.

Há confiança entre pessoas e elas estão conscientes da necessidade de oferecer segurança e certeza, ao mesmo tempo em que são dispostas a correr riscos, permitindo-se o erro de forma também consciente e contínua, buscando a superação do limites, a inovação.

1. Quais sentimentos nascem neste lugar?
   a. Confiança, liberdade para ser autêntico, vontade de superar.
2. Quais comportamentos são naturalmente criados neste lugar? Lembre-se de olhar para os aspectos luz e sombra)
   a. *Accountability*, inovação, curiosidade, bom senso.
3. Quais as limitações deste espaço?
   a. Falta de maturidade das pessoas.
4. Quais modelos mentais sustentam este lugar?
   a. "Não basta fazer apenas o certo sempre, quem não erra, não inova, é preciso errar querendo acertar."

Caso 2: Propósito e o Resultado – "Nosso propósito é inalcançável!"

Este é um caso interessante, pois mostra muito claramente os efeitos do modelo mental dualista e a tendência pendular aos extremos quando diante de uma nova necessidade. Trata-se de uma organização que ao longo dos seus mais de 80 anos passou por duas fases que marcaram sua história e foram determinantes na formação de sua cultura — cada uma em um extremo do seu Lobo cultural.

A primeira, na criação da instituição que nasce com um propósito muito forte e genuíno desejo de realizá-lo. Um casal escolhe dedicar suas vidas a esse propósito e fundam a empresa pautada em dois valores: excelência técnica e científica e cuidado com os clientes.

A organização nasceu a partir de pessoas inspiradas por esse propósito. Nesta fase o resíduo de sucesso cultural presente na organização é o modelo mental: "Fazemos tudo pelo nosso nobre propósito". Tal padrão sustentou e sustenta o sistema até hoje. Ocorre que, naquela época, ele era tão forte que foi negada a importância da saúde financeira do negócio.

Aliás, esse parece ser um grande dilema ainda muito presente na sociedade atual, há um claro conflito entre o social e o capital. Um exemplo claro da materialização disso é que do ponto de vista jurídico existem apenas dois tipos de organizações, aquelas que visam ao lucro, e aquelas com fim social. Pare um instante e pense na prisão e nas limitações que esse modelo mental traz para nossa sociedade. Cria-se uma cultura em que o "retorno para o acionista" é o bem maior e a sociedade fica em segundo plano. Na verdade, o modelo é mais cruel ainda, pois prioriza o retorno ao acionista em detrimento da sociedade. Em organizações com esse padrão vale "tudo" para maximização de resultado. Curioso também perceber que hoje em dia essas companhias estão em sofrimento, pois passaram a reconhecer que as pessoas sentem falta de um propósito maior, sentem falta do que a empresa tem negado consistentemente, sua contribuição com a sociedade. Que é evidente! Como não conseguir notar que, em tese, todas as organizações prestam um serviço à sociedade e que as pessoas possuem contribuição significativa para isso?

No lado contrário, não é incomum encontrar organizações sociais com dificuldades financeiras. Curioso também perceber que nessas culturas, os indivíduos que trabalham ali parecem, muitas vezes, negar o valor do dinheiro, e assumem que o "bem maior social" é o que é certo ser mais importante. Percebem mais uma vez a força que é causada por pensamentos duais?

Pois bem, assim foi também na empresa criada pelo casal citada anteriormente, o primeiro ciclo encontra o seu fim quando os fundadores perceberam que o "fazer tudo pelo propósito" era insuficiente, pois a organização entrou em uma crise financeira. Uma grande reestruturação foi necessária.

A segunda fase caracterizou-se pela busca por recuperação financeira sob uma nova liderança, experiente no quesito finanças e com o mandato de salvar a organização. A nova palavra de ordem, e o consequente modelo mental, foi "maximizar o resultado em curto prazo". Uma série de ações foram implementadas ao longo de mais de uma década.

A companhia não apenas superou a crise, como passou a acumular reservas significativas em caixa. Entretanto, esse ciclo também encontrou o seu limite quando a empresa percebeu que o "resultado em curto prazo" era também insuficiente, pois, apesar dos números positivos, a organização estava mais uma vez com o futuro em cheque. Muitos investimentos necessários para assegurar a perenidade da instituição foram sendo deixados de lado, em resposta ao modelo mental de se assegurar resultados em curto prazo. Os impactos eram evidentes em muitos níveis, como infraestrutura sucateada e tecnologias ultrapassadas. Embora tivessem crescido significativamente, não houve qualquer investimento em gestão, no desenho de processos, sistemas, capacitação de pessoas etc.

Com esses dois ciclos vividos, havia uma dupla de modelos mentais que coexistiam e sustentavam aquele sistema, aquela cultura. O primeiro, "fazemos tudo pelo nosso propósito" e o segundo "precisamos focar em resultado (em curto prazo)". A combinação desses modelos gerava sintomas na cultura bastante evidentes. Eram justamente eles que, originalmente, a organização entendia que precisava mudar.

As pessoas davam pouco ou nenhum valor à definição e ao cumprimento de políticas e processos, a informalidade era extremamente valorizada, fosse porque não havia investimento em gestão pelo foco no resultado de curto prazo, fosse porque as pessoas entendiam que qualquer "burocracia" tiraria a possibilidade de fazerem o seu melhor pelo propósito.

Não havia qualquer planejamento em curto, médio ou longo prazos, aquela cultura mal entendia a necessidade de se planejar, de se estruturar processos etc. Com isso, não havia uma visão em longo prazo, nem uma direção a ser seguida. O acordo relacional era de que "cada um fizesse o seu melhor a cada dia, buscando resultado e dando o máximo para atingir o nobre propósito". Não havia senso de operação por processo nem por projetos, as pessoas iam trabalhar e davam o seu melhor. O que norteava os funcionários e a organização eram os problemas, ou seja, eles atuavam como apagadores incêndios.

Também como forma de responder aos modelos mentais que sustentavam a cultura, as pessoas trabalhavam muito e sob pressão constante, e sentindo como se, por mais que fizessem, nunca fosse suficiente.

Foi em um workshop com a alta liderança que o Lobo emergiu, em uma frase vinda de um executivo, que disse: "Nosso propósito é muito grandioso, já fizemos muito, mas temos sempre muito mais para fazer, nosso propósito é inatingível, por isso não podemos parar". Note que ele parecia em transe com o modelo mental que sustentava aquela conduta. Não à toa existia muito empenho de todos, até excessivamente, mas não havia preocupação com desempenho. Uma das implicações, inclusive, era que as pessoas acabavam adoecendo de tanto trabalhar.

Por conta da baixa visão sistêmica e da atuação exclusivamente em silos, "cada um na sua área", a liderança tinha um papel altamente operacional, com pouquíssima ou nenhuma visão sistêmica, e respondendo apenas ao que era decidido de forma centralizada, em particular com o CEO, e o time de liderança tinha praticamente nenhuma visão do todo.

Para tornar o processo mais complexo, indicadores apontavam que a organização ia "muito bem, obrigado". Olhando para os dois valores sustentados naquele momento, o primeiro, de resultado, a empresa tinha um caixa invejável, e as pessoas se sentiam trabalhando muito. Consequentemente, os executivos possuíam uma remuneração bastante competitiva e recebiam bônus altíssimos. Qual mensagem estava sendo enviada internamente? Qual cultura estava sendo reforçada?

Como consequência, foi se instalando uma cultura entrópica na empresa, pois acreditavam estar no caminho certo, e se fechavam para o mundo. Foram aos poucos se deteriorando, perdendo valor, perdendo significância, mas achando que estavam mais fortes do que nunca e muito orgulhosos pelo que estavam construindo.

Vejam como é delicado lidar com cultura. Imagine-se como CEO contratado para apoiar essa organização a reconhecer seus limites e encontrar um novo lugar de potencial. Imagine a dificuldade em ajudar a cultura reconhecer seus limites, a ressignificar verdades, a reconhecer que as definições de sucesso estavam equivocadas, ou, no mínimo, incompletas.

Vale destacar que essa era uma organização de mão de obra super qualificada e especializada, ou seja, todo o movimento de mudança precisaria ocorrer de forma orgânica, convidando as pessoas a perceberem a oportunidade que se mostrava. Ao mesmo tempo, não havia muito tempo para isso, pois a companhia já enfrentava dificuldades no mercado.

Abriu-se, então, mais um novo ciclo na história da instituição, também sob uma nova liderança, dessa vez com a missão de recuperar, estruturar e crescer a organização, assegurando perenidade. Notem que nesse mandato há uma coexistência dos dois modelos mentais, entretanto, de forma equilibrada. Que lugar encontramos quando olhamos para o equilíbrio dos dois extremos deste paradoxo propósito versus resultado? Uma organização que continua extremamente fiel ao seu propósito, entretanto, reconhecendo que não dá para realizar seu propósito a qualquer preço, nem sob qualquer circunstância. Além disso, ciente de que é necessário reconhecer os resultados como importantes, mas não apenas em curto prazo, já que sem investimentos adequados, pode ser tarde para se recuperar uma organização. É como ter dinheiro investido e não cuidar da sua saúde regularmente. Quando for necessário, pode ser que nenhum dinheiro livre você do óbito.

Caso 3: O sim e o não – "A Casa é de Todos!"

Dada a intimidade e o amor que há em tal relação, este é o único caso em que me sinto à vontade de revelar não apenas o CNPJ, como também o CPF. Trata-se de um encontro que a vida me proporcionou e que me fez sentir instantaneamente parte de um lugar, que não tem lugar.

Me refiro à Casa do Todos, uma organização sem fins lucrativos, que sustenta um campo de ajuda fortíssimo, que oferece um lugar a quem não tem lugar. Mas não me refiro a um espaço meramente físico, mas sim um lugar no mundo. A Casa do Todos nasceu de um "não" que a fundadora, minha querida amiga Mirella D'Angello Viviani, recebeu em seu primeiro emprego como professora em uma escola infantil.

Recém-formada em pedagogia, a Mi, após seu primeiro ano lecionando para crianças naquela escola, foi chamada pela dona da instituição que lhe disse: "Mirella, você não é professora, isso que você faz não é dar aula. Vou tirar você de sala, mas se você quiser continuar fazendo isso que faz com as crianças, eu cedo um espaço e você pode ficar aqui".

Foi o que ocorreu. A jovem Mirella, mesmo cheia de dúvidas e perguntas, afinal, àquela altura ela não conseguia entender aquele "não", acabou ficando na escola, em um cantinho cedido, fazendo algo que não era dar aula, mas atraia muitos alunos para perto dela. Aos poucos, ela começou a notar que as crianças que se aproximavam e ficavam eram aquelas consideradas com "dificuldades de aprendizados". Eram crianças que não respondiam ao modelo padronizado e mecanizado de educação. Eram crianças especiais.

Naquela época havia pouco conhecimento científico e acolhimento social (ainda há!) para essas crianças. Não se entendia os porquês de "não acompanharem" os colegas. Entretanto, alguma coisa mais importante se revelava, elas não se sentiam parte daquele lugar, onde precisavam ser iguais às demais, aprender algo que não parecia interessante ou que parecia simplesmente difícil. Elas não tinham conexão e interesse em estar ali, entretanto, sentiam-se extremamente conectadas e interessadas quando alguém (a Mi!) as acolhia e explorava com elas seus interesses e as deixava "fazer o que queriam", tomando contato com suas potencialidades, com suas verdades, com suas escolhas, com suas limitações e encontrando seus lugares no mundo a partir daquela vivência ao mesmo tempo simples e altamente complexa e madura.

Não se tratava de uma relação infantil de uma postura de alguém superior que acolhe alguém inferior: "Coitado, venha aqui que eu lhe dou um lugar", mas sim de um lugar altamente responsável e maduro de dois iguais: "Veja, você é diferente, assim como eu. Eu vejo você! E o que você quer fazer com sua diferença? Que lugar se vê ocupando no mundo a partir dessa consciência? Você não é menor, nem maior, apenas diferente, assim como eu, assim como ele, assim como todos somos".

E foi dessa verdade que a Mi também percebeu o seu lugar no mundo, diferente da expectativa social do que é ser uma professora. E dessa experiência surgiu a Casa do Todos. Um lugar que pelo nome já diz a que veio ao mundo, um espaço que acolhe a todos e um lugar de ninguém. Por isso não é a casa "de todos", mas "do Todos".

Há mais de vinte anos, a Casa oferece ajuda a pessoas com deficiência mental ou em distúrbio psíquico. São pessoas de todas as idades que ali experimentam um lugar onde possam construir o seu lugar no mundo, não aquele que alguém espera delas, mas aquele que elas mesmas têm dentro de si. Muito mais do que uma mera "inclusão social", a Casa do Todos é um lugar onde as pessoas tomam para si a autoria das escolhas de se colocar e se relacionar com o mundo a partir do que são e de como são, acolhendo suas diferenças, e assim, passam a existir, para si e para os outros! Forte, né?! Mas é esse o movimento, um lugar que possibilita cada um perceber e construir o seu lugar de coexistência com o outro e, portanto, consigo mesmo.

A Casa do Todos ajuda as pessoas a existirem, a terem um lugar, a suprir a dor e o vazio que carregamos desde a consciência sobre a separação da nossa mãe. Esse vazio emocional é suprido pelo que chamamos de senso de pertencimento, que embora também seja um lugar emocional, e, portanto, falso, traz um sentimento de conforto, de vida. Digo que esse sentimento é falso, pois o vazio só é verdadeiramente suprido quando percebemos que não há lugar algum a pertencer, que já somos tudo e que já pertencemos a tudo. Essa constatação, portanto, não é algo que possa ser ensinada, não há processo a ser seguido, não há passos a serem dados. Ela exige apenas um olhar curioso e verdadeiro sobre a pergunta mais poderosa que sustentamos calados na vida: Quem sou? Como uma cebola que se descasca, camada a camada retiramos aquilo que é falso, aquilo que não somos. É um movimento corajoso e doloroso. Afinal, encarar o que não somos é tudo o que evitamos. Mas o coração, em forma de coragem, sustenta esse olhar, e permite que sigamos vendo camada a camada, até que nada fique. É neste nada que encontramos o todo. É nele que constatamos não haver lugar algum a que precisamos pertencer. É nesse nada que percebemos que a paz está aqui e agora, pertinho, e o que nos impede de acessá-la é justamente a falsa imagem do que somos.

Esse movimento, entretanto, é pessoal e intransferível, e enquanto não acontecer, haverá um constante sentimento de vazio, maior ou menor, rápido ou demorado, dolorido ou leve.

Não é diferente do vazio que alguém fica quando está se sentindo "peixe fora d'água" em alguma cultura. Por esse motivo, é preciso reconhecer que lidar com cultura é lidar com condicionamentos aos quais as pessoas estão extremamente identificadas. Essa identificação é o que as impede de olhar para a realidade. E quando alguém aponta a realidade, isso pode ser muito doloroso, pois coloca em xeque a falsa verdade que até então era sustentada. Há de se ter compaixão pelas pessoas durante um movimento desses. Não pena, pois quem tem pena se coloca em um lugar de superioridade. A compaixão olha para o outro como igual e apenas reconhece o aprisionamento e, assim, pode eventualmente ajudar alguém a perceber e se libertar.

A primeira vez que entrei na Casa do Todos, percebi nitidamente uma cultura muito particular, como um "oásis" no deserto. Me senti como se estivesse em um lugar cheio de mistérios, sem saber ao certo como me comportar. E é justamente assim que sentimos a cultura, quando ela não está conectada em nós ao modo "automático". Isso nos oferece a oportunidade de reconhecer todas as implicações de uma cultura, pois, para quem já está no "automático", ela parece imperceptível e ao mesmo tempo tende a se cristalizar e limitar olhares diferentes e novas possibilidades, pois proporciona conforto e eficiência. Você não precisa perguntar, por exemplo, se deve ir trabalhar de roupa, nem se durante uma reunião deve sentar-se na cadeira ou na mesa, nem se pode ir ao banheiro se precisar. Quando cristalizada, a cultura fica praticamente invisível.

Entrar na Casa do Todos, me fez acessar todas essas implicações. Eu me sentia inseguro, confuso e com a observação ativa para tentar rapidamente me adaptar e assim poder atuar de forma mais natural, sem precisar me preocupar se estava certo ou errado. Ali, pessoas com diversos tipos de deficiência circulavam livremente (raras exceções), isso por si já era um desafio. Eu conhecia muito pouco ou quase nada sobre como lidar com pessoas com deficiências. Posso cumprimentá-las? Devo falar com elas? Até onde elas me compreendem? Se fizer algo errado, posso disparar algum comportamento agressivo? Elas se importam com a minha presença? Como elas me veem ali?

Nenhum guia me foi dado (assim é também com todas as culturas), aos poucos fui observando e aprendendo como as coisas funcionavam ali. Sob a ótica de organizações, eu havia entrado no que talvez possa ser a antítese do modelo mental que sustenta as empresas ditas com fins lucrativos. Ali o modelo mental cristalizado era de "acolher a quem quer que seja, a quem quer que bata à porta" sem se preocupar com retorno financeiro necessário como contrapartida de tal apoio.

Eu estava diante de um organismo vivo que verdadeiramente colocava o propósito de servir a favor um bem maior à frente de qualquer outro interesse pessoal e financeiro. E todo aquele sistema era reflexo desse modelo mental. Um corpo de aproximadamente 50 voluntários, entre terapeutas das mais diversas naturezas, médicos, fisioterapeutas, acupunturistas, dentistas, psicólogos, educadores, contadores de história, jardineiros, assistentes sociais etc. sustentavam o propósito de acolher pessoas com algum tipo de deficiência mental ou transtorno psíquico e lhes oferecer a possibilidade de coconstruírem o seu lugar no mundo, por meio da arte e da convivência.

A diferença começava justamente no que diz respeito à oferta. Diferentemente do que se encontra nas organizações tradicionais com fins lucrativos, dada a consciência que a oferta de "coconstruir o seu lugar no mundo" é algo ao mesmo tempo verdadeiro, mas de difícil acesso a quem chega na casa, pois quem chega, geralmente chega com sintomas relacionados a uma "má convivência social" sob a ótica de seus cuidadores e familiares, e a busca é por algum tipo de tratamento. Em nenhum momento a Casa faz um discurso resolutivo, ou oferece uma solução para o problema, nem tampouco mostra dados estatísticos de "cura" ou "melhora" de pessoas que ali estiveram. Embora haja uma clara evidência das mudanças possíveis a partir do acolhimento do que as pessoas são — sem colocar o paciente como inferior ou coitado, mas dando a possibilidade dele se reconhecer como diferente e, portanto, igual (nem superior, nem inferior) —, a sensibilidade da Casa não os permite vender solução de cura ou melhora, como seria o desejado em uma cultura que busca resultado concreto.

A primeira pergunta poderosa é: o que faz com que a Casa do Todos consiga manter um corpo de mais de 50 voluntários atuando de forma ativa e apaixonada por mais de 20 anos a serviço de algo que não é o retorno financeiro?

Em minha carreira tive a chance de trabalhar em muitos contextos e tipos de organizações diferentes. Fui voluntário, funcionário público, empreendedor, membro de empresa privada, associado à consultoria com carteira assinada e sócio de consultoria com contrato social e CNPJ. Em cada uma dessas experiências, foi possível perceber que o que leva as pessoas a realizar algo com amor e, portanto, com entrega superior, é a mesma coisa, independentemente de como são recompensadas: Isso acontece quando elas se sentem verdadeiramente conectadas a algo maior e não apenas à ideia de fazerem algo em troca de um salário.

O trabalho em troca apenas de um salário é um aprisionamento, uma castração, uma limitação do potencial de autoria que todo ser humano tem. Não à toa, nas companhias em que se acredita que os funcionários "devem dar o seu melhor por estarem em uma empresa grandiosa e receberem um salário competitivo" ou- "devem desempenhar bem para justificar o salário que recebem e maximizarem o retorno do capital investido pelo acionista", em pouco tempo, as pessoas perdem a conexão com o que fazem, tornam-se mecânicas, frias, viram um número, um indicador, uma meta.

De um lado, as pessoas se sentem vítimas da escolha que elas mesmas fizeram, muitas até adoecem, pensam precisar doar dinheiro à caridade por não se sentirem ajudando a sociedade por meio do trabalho que realizam. Do outro, a empresa perde vitalidade, funciona de forma mecânica e automática e sobrevive até que a ordem (modelo de negócio, inovação etc.) seja desestruturada.

Não basta criar uma frase de efeito para dizer as pessoas que a organização tem um propósito maior, este propósito precisa ser vivido verdadeiramente. É essa verdade, essa autenticidade que conecta de fato as pessoas. É assim que o propósito da célula (pessoa) se conecta com o propósito do órgão (organização), que se conecta com o propósito do corpo (sistema). Podem gastar milhões, bilhões com projetos *fakes* de branding, com frases de efeito inócuas, com campanhas de *endomarketing* ou publicitárias, a verdade não custa um centavo e é mais forte do que qualquer esforço bilionário.

A quem quer que esteja verdadeiramente movido a ajudar organizações a liberarem seu potencial sistêmico, veja com amor essa verdade. Há que se ver de fato para que seja possível criar organismos, novas organizações, liberadas do falso, comprometidas com o todo e com a verdade. Não é um esforço fácil, reconheço, mas é vital.

É com a verdade de propósito que a Casa do Todos está viva há 20 anos, sustentada por seu corpo de voluntários. Percebe a força?

Não à toa a Casa do Todos apareceu na minha vida. Há de se reconhecer toda a força que existe quando se há uma conexão com a verdade de um propósito. Entretanto, assim como as organizações com fins lucrativos negam seus propósitos sociais (Lobo) e colocam o propósito financeiro como finalidade, na Casa do Todos o dinheiro (Lobo) foi negado desde a origem. A crença de que "ao fazer o bem social, o dinheiro apareceria na medida necessária" escondia que, na verdade, os fundadores em seu íntimo, negavam o dinheiro. Para eles, toda a força negativa do dinheiro era maior do que a força positiva. No íntimo, para aquela cultura, o dinheiro era um mal necessário. E esse olhar fez a Casa, inconscientemente, fechar-se à realidade de que o dinheiro é um BEM necessário. Sem ele, a Casa não teria condições de sustentar seu propósito.

Curioso poder observar esse falso paradoxo nos dois extremos, o que reforça que nosso campo social ainda está preso na dualidade, no certo e no errado. Enquanto as organizações com objetivos financeiros negam que seus papéis primários sejam o social, as organizações sociais, negam que o dinheiro é um bem necessário para o seu interesse primário. Percebe a mente querendo colocar algo como deus e algo como diabo?

As consequências disso naquele caso eram até fisicamente visíveis. Os terapeutas que sustentavam o campo da casa, embora felizes com suas contribuições para o mundo, carregavam marcas físicas de esgotamento. A própria infraestrutura da empresa revelava isso. Se por um lado havia uma clara percepção de Amor presente no ambiente, também se percebia as limitações físicas. Os terapeutas, mesmo vinculados voluntariamente pelo propósito, tinham limitações financeiras até de deslocamento físico, e a Casa, embora recebesse um volume de doações, não tinha condições de subsidiar esse mínimo custo a eles. Em consequência, a permanência deles estava sempre potencialmente comprometida, o que também influía na proposta de atuação da Casa com os atendidos.

Na prática, o que eu sentia daqueles terapeutas era uma energia forte e recorrente no campo com a seguinte preocupação na mente: "Será que iremos ter dinheiro hoje para pagar as contas de amanhã?". Essa parecia uma força que pairava no campo daquele sistema por toda a sua história.

Dada a nobreza do propósito, e o próprio nome da instituição, Casa do Todos, a equipe não sabia dizer não e qualquer pessoa que chegasse ali pedindo ajuda, encontraria apoio. Na prática, isso significava que embora houvesse um valor estipulado para os tratamentos, o que a Casa recebia de seus atendidos era inferior a 40% do "serviço" que estava prestando. Isso porque, mesmo que a pessoa não tivesse condição alguma de pagar pelo atendimento, a Casa não diria "não" para ela. Ou seja, havia um "sim" para acolher a todos e um "não" para a realidade de que o dinheiro era necessário para viabilizar toda aquela obra.

Em um de nossos encontros fizemos um exercício de Constelação, no qual foram propostos três campos a serem experimentados: o "sim", o "não" e o "sim com o não". Os dois primeiros, como referência da dualidade de dizer sim para todos que chegam ou de não saber dizer não, reconhecendo as possíveis implicações financeiras disso. E o "sim com o não" como uma opção que integra tanto o propósito quanto reconhece que, para oferecer o propósito, a instituição precisa ter seu "corpo físico" inteiro, vivo, alimentado, forte, e que o dinheiro é o mecanismo de troca capaz de fazer com que o sutil (o propósito) seja realizado.

Lembro que ao experimentarem o campo do "não", as pessoas diziam coisas como: "Sinto como se esse lugar não existisse", "Sinto que é um lugar escondido", "Parece que é errado estar aqui". Esse foi um dos movimentos que contribuíram para que as pessoas se abrissem a uma nova possibilidade para integrar o Lobo que estava escondido, estava sendo negado.

Com o tempo, alguns passos mais concretos foram ocorrendo, as pessoas se moveram, a mudança de cultura trouxe uma postura, uma visão, que gerou uma nova relação entre elas, algumas se realocaram e outras pessoas chegaram. Curiosamente, os profissionais que chegaram trouxeram uma oferta e talentos mais relacionados a ajudar a Casa a encontrar formas de gerar novas possibilidades para a casa, criando novas fontes de receita. Algumas práticas também foram revisitadas, em especial a de dizer sempre "sim" para todas as pessoas que ali chegavam. Historicamente a Casa acolhia esses pacientes e ficava com o ônus de conseguir as condições financeiras desse acolhimento, ou seja, uma relação que colocava o próprio atendido em um lugar inferior: "Vem que eu te salvo e carrego esta cruz por você".

Sob essa nova perspectiva, foi possível levar a relação entre a Casa do Todos e seus pacientes para uma relação de iguais. A todas as pessoas que não tinham condições de arcar com os custos de atendimentos passou a ser revelado o valor daquele processo de atendimento e a ser dito: "OK, nós vemos que você não tem condições, mas a Casa também precisa ter condições para continuar atendendo não apenas você mas a todos que aqui estão, por isso pedimos que você assuma conosco a responsabilidade de buscar na sua rede de familiares e amigos, pessoas que possam adotar o seu tratamento."

Com esse simples movimento, a Casa deixava de carregar a cruz de seus atendidos e estimulava neles a consciência sobre haver um custo em sustentar aquele lugar. A realidade de cada um em poder ou não pagar era acolhida mas dividia-se a responsabilidade com o funcionamento daquele espaço — uma relação de iguais.

Financeiramente o impacto disso foi inexpressivo, mas energeticamente havia um novo contrato sendo firmado, que colocava as pessoas nos seus devidos lugares, sem alguém superior, sem alguém inferior, e isso trouxe uma dinâmica muito mais leve para todo o sistema.

Esse é um exemplo da mentira que é acreditar no paradigma de que "o que não se mede não se melhora". Qualquer pessoa que não confie que quando estamos abertos a ajudar, não podemos criar expectativas de qual será o resultado, pois desta forma não estamos ajudando, ao contrário, estamos interferindo no que pode verdadeiramente emergir naquele campo, naquele sistema.

É como no Parque de Yellowstone, alguém com a cabeça de ajudar a partir do passado, ou a partir da imagem que criou como melhor solução, teria plantado grama, investido milhões na transposição de um rio. Quando, na verdade, as mudanças ocorrem apenas e justamente quando se verdadeiramente acolhe aquilo que estava sendo negado, isso é tudo. E o potencial que é liberado é imensurável e imprevisível. É como as abelhas polinizando flores, elas carregam sementes de novas possibilidades, mas não fazem ideia da floresta, rios, animais, e todo um novo ecossistema que pode ser formar a partir disso.

Tudo o que podemos fazer é ajudar a polinizar novas sementes de consciência em sistemas. Pois todo o potencial dele está nele mesmo. Basta confiar!

Caso 4: Controle e liberdade – "Missão dada é missão cumprida!"

O exemplo que agora trago é o de uma organização que ultrapassou os cem anos de existência, com origem familiar e atuação global. Uma companhia que ocupa lugar de grande prestígio no segmento em que atua e está na vanguarda da inovação no que tange seus produtos.

Ao chegarmos lá, encontramos uma empresa que eu definiria como respeitosa e mecanicamente fria, como um exército sem gritos. As pessoas se respeitavam muito, era um ambiente ótimo de se conviver, bons dias para lá e para cá, conversas calmas e pacientes, quase se sentia o cheiro do respeito no ar, muita camaradagem.

Ao mesmo tempo, havia uma certa frieza e mecanicidade no sistema. Tudo parecia "bege", as pessoas demonstravam trabalhar muito, mas parecia não haver sentido naquele trabalho. Quando olhávamos para o lado, dava a impressão de que estava tudo bem. Pessoas andando de lá para cá, perguntando e respondendo respeitosamente as coisas. Não havia uma energia a qual se pudesse responsabilizar pela mobilização das pessoas, elas estavam ali, fazendo seus trabalhos, e isso bastava.

Nossa primeira atitude de apoio foi desenhar um processo de desenvolvimento acelerado para um seleto grupo de profissionais considerados os talentos da empresa. A ideia era ajudar esses profissionais a reconhecerem seus potenciais pela realização de *assessments* individuais e, posteriormente, conversas sobre como desenvolver habilidades. Com os dados compilados, pudemos também avaliar alguns padrões na conduta desses profissionais e estruturar um programa de desenvolvimento capaz de suprir lacunas em comum. Até aí, podemos dizer que se tratava de um projeto bastante tradicional.

Na conversa com a alta liderança, em especial com o presidente da operação à ocasião, ele, apesar de reconhecer o talento daqueles profissionais, reconhecia também a ausência de alguns comportamentos que considerava fundamentais para o futuro da organização. Entre eles, a ausência de um pensamento amplo e estratégico, uma postura pouco arrojada em desafiar o *status quo*, individualismo e pouca proatividade.

O principal insight desse processo foi de fato notar um modelo mental que parecia sustentar todos aqueles profissionais caracterizado por: "Nos digam o que fazer, que faremos com excelência". Em outras palavras, o *assessment* mostrou que as competências de execução estavam muito mais presentes naqueles profissionais do que competências para entender o contexto atual e criar o novo.

Ao mesmo tempo, notava-se uma organização extremamente hierarquizada, na qual as decisões eram tomadas no topo de forma centralizada e cascateada para a execução. Havia, inclusive, um reforço desses traços a todo momento. O próprio presidente, por exemplo, adotava um perfil que combinava coerção ("faça o que eu mando!") e afetividade ("eu me preocupo com você"). Ou seja, claramente aqueles comportamentos não estavam ali à toa. Embora no nível mental houvesse uma expectativa de comportamentos de maior autonomia e inovação. Em um nível mais profundo, o que se acreditava era que as pessoas deviam executar o que se esperava delas.

Esse é um ótimo exemplo do que acontece na maioria dos casos com mudanças culturais. A mente até vê que algo precisa ser diferente, mas há crenças (modelos mentais) tão cristalizadas, que continuam operando e "sabotando" tudo o que a mente diz parecer mais adequado. Não à toa as mudanças culturais raramente ocorrem. É como a analogia de um carro que quer acelerar (mente), mas está com o freio de mão puxado (modelos mentais). Usando a linguagem antroposófica, no nível mais superficial (pensar) há uma clareza da necessidade de mudança, mas no nível mais profundo (querer), essa vontade não é verdadeira. Logo, o movimento (sentir) gera um desconforto, uma hipocrisia, percebe-se a dissonância, a falsidade, a mentira. E esse sentir pode-se verdadeiramente perceber por toda a organização.

De fato, aquela organização vivia um sentimento de hipocrisia. A matriz lançara um movimento global para estimular a agilidade na empresa, reconhecendo que a mudança da realidade de mudanças mais rápidas e potencialmente disruptivas. Nesse contexto, realizamos o segundo movimento dentro daquela empresa. A ideia era promover o cascateamento de um novo conjunto de comportamentos a ser desenvolvidos e estimulados na organização para que todos pudessem se adaptar ao novo contexto. Globalmente a empresa também fazia ajustes nos modelos de incentivos, procurando criar estímulos mais de times do que de indivíduos. Esse é o movimento mais comum nas organizações, a criação de novos mecanismos de reforço para sinalizar novos comportamentos esperados. Eles têm o seu valor, seguramente, mas a imensa maioria dos casos a atitude se mostra insuficiente, especialmente quando os comportamentos são sustentados por um novo modelo mental que se mostra paradoxal a outro que foi resíduo de sucesso no passado, como temos visto ao longo de todo este livro.

E foi justamente isso que começamos a ajudar essa organização a reconhecer. Durante o movimento de compartilhar os novos comportamentos com exercícios vivenciais e diálogos, ainda que houvesse um entendimento dos porquês daqueles novos comportamentos, emergia na sala um sentimento de que aquilo não daria em nada. Ou seja, havia um sim na mente e um não em um nível mais profundo.

Aos poucos compreendemos o falso paradoxo que se formava. Em síntese, ter agilidade implicava em dar maior autonomia às pessoas, e aquela cultura teve sucesso no passado justamente por terem controlado muito bem as pessoas. Lembra da frase que resumia o *assessment*: "Diga-nos o que fazer, e faremos com excelência!"? Ali começamos a ter consciência do Lobo daquela empresa, na prática negava-se a confiança, uma vez que todo o sistema se sustentava pela não confiança. A verdade pela qual todo o sistema operava era: "Eu não acredito que você seja capaz de fazer as melhores escolhas do que é melhor para a organização, nem acredito que você dará o seu melhor, por isso eu lhe digo o que deve fazer e crio uma meta para que você desempenhe bem". Percebe a verdade da não confiança que sustenta este contrato relacional?

Por longos anos, todas as pessoas que entravam naquela companhia aceitavam o papel de "executores obedientes e dedicados às metas estabelecidas por alguém". Ou seja, a cultura negou por muitos anos que as pessoas seriam capazes de darem o seu melhor para o melhor da organização. E como diz o ditado, "passarinho que nasce em gaiola, não sabe o poder de suas asas e tem medo de voar". E não subestimem esse medo, pois só quem teve a coragem de encarar verdadeiramente o condicionamento de um modelo mental tem a empatia necessária para avaliar o pavor que pode ser enfrentar uma mudança dessa magnitude. Por isso temos que ser compassivos nesse movimento. O que não significa permissividade, mas que precisamos verdadeiramente querer ajudar as pessoas a confiarem em um novo, a quererem se abrir para o novo, não apenas com a mente, mas com um ver, com uma consciência, com um novo modelo mental que nasce de dentro para fora, e não apenas com uma imposição, que seria equivalente a um estrupo.

Na sequência desse trabalho, tivemos a oportunidade de iniciar uma jornada de desenvolvimento com o propósito de ajudar toda a liderança a expressar os novos comportamentos que dariam sustentação à nova cultura. E foi nesse momento que, em vez de simplesmente desenharmos módulos de desenvolvimento, sustentamos uma pergunta: como ajudá-los a se conectarem com as limitações de seus modelos mentais para que possam, a partir desta visão, desta consciência, se abrir para uma nova possibilidade, um novo convite? À essa altura, nós já havíamos aprendido que não bastaria tocar apenas o mental, pois neste nível a cabeça está cheia de defesas e respostas prontas, está dominada pelo "não" do modelo mental.

Foi a partir da sustentação dessa dúvida e dessa pergunta que, ao longo das nossas conversas internas sobre o desenvolvimento do programa, enxergamos um caminho. Na prática, nossa intenção não era a de apontarmos a eles os modelos mentais limitantes da cultura, ou o Lobo, mas ajudá-los a ver com seus próprios olhos de forma desarmada, para que pudessem perceber a si mesmos, sem se sentirem acuados.

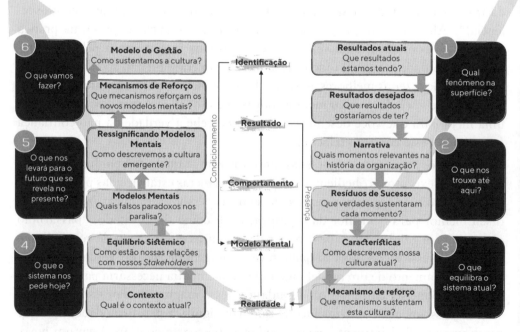

Abordagem Bee Mergulho Cultural

Escolhemos fazer alguns grupos focais, nos quais percorremos com os participantes alguns passos do que hoje chamamos Mergulho Cultural:

1. Quais são os sintomas da superfície? Ou seja, o que está acontecendo que é desejável e o que está acontecendo que é indesejável?

2. O que nos trouxe até aqui? Ou seja, olhando para o contexto do passado, quais verdades sustentaram nosso sucesso?

3. O que equilibra o sistema atual? Ou seja, dada nossa cultura atual, que acordos não explícitos e mecanismos de reforço, sustentam a perpetuidade desta cultura?

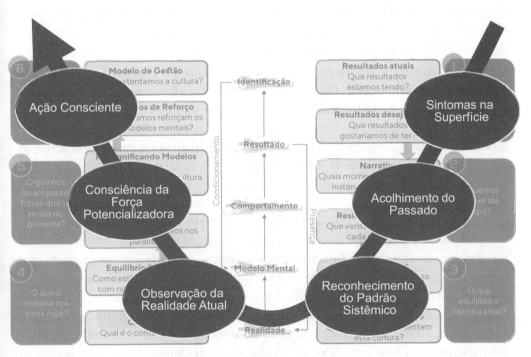

Abordagem Bee Mergulho Cultural

Com estas três perguntas, pudemos confirmar que o modelo mental, grande limitador daquela cultura era de fato a confiança. Os grandes sintomas indesejáveis que emergiam quando se falava em uma cultura de maior agilidade eram:

1. Excesso de hierarquia;

2. Falta de visão do todo;

4. Atuação em silos; e

5. Evitação de conflito.

Até aí, ainda estávamos na superfície. Quando olhamos para quais acordos não explícitos sustentavam aqueles sintomas, revelam-se dois acordos:

"Missão dada é missão cumprida": em um primeiro momento, visto de forma positiva, tal acordo remete a uma confiança de execução, mas essa frase também estava carregada de um outro significado oculto: "Não discuta, execute". Ou seja, havia um acordo relacional bastante impregnado na cultura que remetia ao cumprimento de ordens. Ali, alguém mandava e alguém obedecia, e era certo que fosse assim, não se discutia. Sempre foi assim, tudo funcionava assim. As metas chegavam e o papel das pessoas não era questioná-las ou desafiá-las para o bem da organização, era simplesmente o de executá-las, ainda que não fizessem sentido no momento atual ou em algum momento futuro.

Naquela cultura, para pertencer, você precisava aceitar essa verdade, precisava aceitar esse contrato oculto. Desafiar o *status quo* era algo impensado, seria como uma crucificação. A empresa até havia contratado profissionais mais ousados na intenção de que pudessem "inovar". Adivinhe o que aconteceu historicamente? Sim, foram expurgados pela cultura. Ou seja, qual padrão de profissional que pode pertencer e sustentar-se numa cultura como aquela? Sim, os menos desafiadores, mais tolerantes às ordens. Agora imagine uma cultura repleta de pessoas que entenderam e se acostumaram a cumprir ordens, que se identificam com esse papel, que entendem que isso sempre foi o certo e sempre trouxe resultado, imagine dizer a elas que isso não é mais o certo, dizer simplesmente: "Agora queremos mais agilidade". Imagine o que significa agilidade em uma cultura que supervaloriza o controle, a burocracia, em que as decisões precisam de aprovação dos superiores, na qual o *compliance* é super importante. Imagine se pudéssemos medir em uma escala de zero a dez que a agilidade de tal empresa fosse três. Nesse contexto, ainda que houvesse uma campanha massiva de comunicação, muitos treinamentos, novos modelos de incentivos, qual chance dessa organização se tornar entre oito e dez pontos em agilidade? Pois é, a mim me parece baixa, bem baixa. Eu diria que sairiam de um três para cinco com muito esforço. Suficiente?

"Não mexe no meu, que eu não mexo no seu": este era o outro acordo relacional igualmente oculto a sustentar aqueles sintomas. Muito interessante observar que este acordo é na verdade um filhote do primeiro. Imagine-se em uma cultura de grande hierarquia e controle, na qual os indivíduos apenas cumpram com aquilo que é esperado. Em que medida essas pessoas têm espaço para darem o melhor de si, para serem autênticas e verdadeiras, para serem vistas por meio de suas verdades?

Pois é, esse é um aspecto pelo qual o indivíduo não é visto, ele não existe, só o todo importa, a parte não é vista, psiquicamente as pessoas em circunstâncias assim não existem. Elas são um nada no todo. São números, são metas, são performances abaixo ou acima da média. E se toda ação tem uma ação de compensação, dar e receber, qual é a ação de compensação das pessoas nesse sistema?

Elas irão criar um lugar para chamarem de seu e este lugar geralmente é a sua própria área de atuação. E como todos vivem esse mesmo sofrimento de não serem vistos, fica fácil criar um acordo relacional que é: "Não mexe no meu, que eu não mexo no seu". Em outras palavras, este acordo quer dizer que, já que todo mundo é obrigado a calar a boca e fazer com suas hierarquias, combina-se que, então, ninguém de uma área vai desafiar ou questionar outras áreas, assim, pelo menos, cada um tem o seu próprio lugar, o seu próprio quadrado. Percebe a perversidade deste "contra acordo". Agora imagine as consequências de uma cultura em que tal acordo velado é regra. Qual espaço de inovação, qual agilidade, qual capacidade de trabalhar em equipe, qual abertura para o outro, qual acolhimento da diversidade de opinião existem? Agora imagine essa cultura operando tal verdade por tantos anos, ser convidada a desafiar o *status quo*, ser mais ágil, atuar mais em time, antecipar mudanças, inovar etc. Percebe?

Talvez você se pergunte, mas como isso conversa com confiança? Basta olhar apenas para o primeiro acordo relacional "Missão dada é missão cumprida", que se percebe claramente que ele nasce de um lugar de não confiança. Já que não confio que você é capaz de dizer qual é a missão que devemos ter, eu digo por você e a você cabe executar. Percebe que, ainda que haja uma suposta confiança na execução (faz!), não há qualquer confiança na capacidade de julgamento das pessoas quanto ao que é melhor ser feito? Agora imagine uma cultura em que essa confiança é negada por tanto tempo, é impensável simplesmente dizer para as pessoas, agora eu espero que você demonstre mais autonomia e opere de forma colaborativa com seus pares para antecipar problemas e trazer soluções de forma ágil para o melhor do todo da organização. A quem foi dada a liberdade de ter acesso ao todo, se sempre as decisões vieram de cima para baixo? A quem foi dada a possibilidade de se olhar para a realidade e desafiar o *status quo*, se a cultura sempre reforçou que não confiava no olhar e talento das pessoas? Vê a limitação? Vê o freio?

Percebe a dificuldade de querer estimular toda uma organização para apresentar comportamentos de autonomia e colaboração, presos a modelos mentais limitantes? Vale lembrar que esses modelos mentais cristalizados nos fazem operar de uma determinada maneira de forma totalmente inconsciente e automática. É o comportamento mais espontâneo, pois foi aprendido que naquela cultura é assim que o indivíduo deve se comportar. É como se alguém dissesse que você deveria ir sem roupa ao trabalho a partir de hoje. Como você se sentiria?

Se olharmos para trás, há não muito pouco tempo, a informação era um bem escasso. Dada a impossibilidade de se trocar informação de forma praticamente irrestrita, as organizações acabavam virando polos de conhecimento, em que o conhecimento era muito difícil de ser copiado. Com a internet, as barreiras da informação, e, portanto, do conhecimento e da tecnologia caíram. Mas antes que isso ocorresse, a realidade do mundo era de que, dada a dificuldade de se trocar informação, quem a acumulasse e transformasse em conhecimento (produto/serviço) teria muitos anos de sobrevida. Afinal, levaria muito tempo para que alguém superasse aquela tecnologia. Quanto mais conhecimento, melhor, e quanto mais tempo com aquele conhecimento especializado, mais difícil seria alguém copiar.

Me lembro de um conselho que meu pai disse ter recebido do meu avô: "Filho, o dia que você aprender alguma coisa, não ensine a ninguém. Esse é o segredo do meu sucesso". Vê o modelo mental que meu avô acreditou ser verdadeiro, e não há muito tempo? Na prática, essa máxima de que "mais conhecimento, maior valor" foi uma verdade talvez desde o início da civilização e sustentou praticamente todas as grandes organizações que existem hoje. A partir disso, as empresas adotaram práticas para extrair maior valor desta ordem.

Assim como uma escolha foi feita pela grande maioria das organizações, extrair maior valor deste acúmulo de conhecimento, entendeu-se também que a melhor forma seria assegurando controle das pessoas em detrimento da liberdade. Ou seja, outro modelo mental que sustenta a forma de atuação de muitas empresas da atualidade é: "Eu não confio que você seja capaz de entender o que é o melhor para o todo, assim como não confio que dedique os esforços suficientes para dar o seu melhor, portanto eu digo o que deve fazer e coloco metas para assegurar seu desempenho".

Agora a beleza mesmo não foi apenas chegarmos ao Lobo, a mágica aconteceu quando pudemos cuidadosamente montar workshops e criamos vivências lúdicas especialmente desenhadas para que eles pudessem vivenciar as limitações de modelos mentais, inicialmente sem qualquer conexão com a realidade que viviam na empresa. E, ao trazermos a realidade da cultura organizacional para a mesa, não havia como não ver as limitações. É literalmente uma experiência de espelho, em que, sem perceber, o indivíduo se vê. E diante do espelho, a única opção é fechar os olhos. Mas foi incrível ver o movimento que as vivências causaram naquela organização.

Ali tivemos uma grande alegria e satisfação, pois, dada nossa coragem e a do cliente, é claro, de sustentar o lugar de não saber, ao mesmo tempo se sustentarmos a ideia de que a verdade deveria ser vista e não declarada, ou seja, deveria ser vista de forma desarmada, não pelo pensar, mas pelo querer.

Dada a força gerada pela experiência nesse cliente, nossa abordagem vivencial acabou ganhando força em nossa forma de atuar. Seguramente há muitas outras formas de apontar a verdade, sem a defesa da mente, mas cuidamos com muito carinho desse processo, pois vimos a força que causou nas pessoas e na organização.

Outro caso foi também marcante, pois, originalmente, não havia um projeto de cultura em andamento, a alta liderança não estava com esse tema na pauta. Havia um programa de desenvolvimento ocorrendo para reforçar novos comportamentos. Foi um grande aprendizado, pois em qualquer literatura é possível indicativos de que processos do modo como esse foi conduzido não funcionam. Começamos literalmente de baixo para cima, e aos poucos, dada as provocações e a consciência que foi se formando na organização, chegamos ao topo que também teve a mesma chance de observar junto aos demais membros da equipe todo o movimento. É curioso notar que é no topo das organizações em que geralmente iremos encontrar a maior dificuldade de mudança, pois lá estão aqueles que mais se beneficiaram da cultura do passado para chegarem onde estão hoje. Além da grande identificação às verdades do passado, há um grande medo de perder alicerces que sustentaram a carreira desses líderes até aquele momento. Ali não foi diferente, era interessante ver quantas incoerências surgiam nas conversas e nas decisões. Ao mesmo tempo, foi curioso poder atuar de uma perspectiva da qual é possível apontar as incoerências de forma pragmática, e ver o acontecer o movimento para mudança.

Uma cultura não se muda da mesma forma que se implementa uma estratégia, assim como a maioria dos livros ensinam. Outros casos em que atuamos nos mostraram esse mesmo caminho. Temos diversos clientes que investiram muito dinheiro em projetos mais "tradicionais" de cultura, a maioria tem hoje um problema, pois não conseguiu resultados e agora não pode mais falar sobre o tema cultura, visto que a temática virou motivo de chacota na organização.

Voltando ao nosso último exemplo, o que vemos é que, por valorizar tanto o controle (não confiança), a empresa foi aos poucos negando a liberdade, a autonomia, a confiança, a capacidade de autoria das pessoas. Como consequência este é um lugar quase proibido naquela organização. As pessoas têm receio de ser autênticas, de dizer o que pensam, de não cumprirem metas, mesmo quando as percebem inatingíveis ou mesmo fáceis demais, têm receio de desafiar a hierarquia, o global, o *compliance*, mesmo que percebam que estejam certos.

E o que ocorre quando uma cultura se acostuma a apenas "cumprir com o esperado", e não desafiá-lo? As pessoas deixam de acreditar que podem expressar o que pensam, deixam de acreditar naquilo que percebem, em suas verdades, deixam de acreditar em seus talentos, de confiar em si mesmas, deixam de existir. Sistemicamente a organização desistiu de ter o melhor de cada um para ter apenas aquilo que ela esperava ser o melhor de cada um. Percebe a sutil, mas devastadora, diferença?

Controlar na essência significa não confiar. E quanto mais controle, menor a confiança. E como vive uma cultura de pessoas que se sentem desconfiadas? Quem confia que o outro irá fazer sempre o seu melhor para o melhor de todos? Quem confia que o outro irá apontar tudo o que vê para o melhor de todos? Quem confia que o outro será capaz de perceber oportunidades que nenhuma hierarquia seria capaz de acessar e perceber? Vê?

O inverso é verdadeiro, quanto maior a confiança, menor a necessidade de controle. Já imaginou a quantidade de burocracia desnecessária deixando de existir, quantas ideias novas, quanto brilho no olho, quanta verdade sendo exposta para o benefício de todos? Portanto, acessar e acolher a confiança (o Lobo) é o movimento "simples" que desata o nó da complexidade, da necessidade de evolução da cultura, e libera o potencial latente de um organismo em seu novo contexto social.

Ao reintroduzir a confiança no sistema, é possível olhar para as pessoas nos olhos e dizer: "Dê o seu melhor para o melhor de todos, eu confio em você". E isso se torna o novo contrato relacional, forte, potente e alinhado ao movimento sistêmico da indústria.

Assim, ao reintroduzir a confiança no sistema, ressignificamos muitas coisas. O controle, que naturalmente ainda precisa coexistir na cultura, deixa de ser um símbolo da não confiança e passa a ser apenas um mecanismo de alinhamento, colaboração e com a função de assegurar a comunicação aos limites em que se deve operar como organização. Os objetivos deixam de ser impostos e passam a ser coconstruídos com base na realidade, nas reais possibilidades, desafiadores e realistas ao mesmo tempo. O desafiar de um objetivo é um exercício de confiança: "Eu vejo que você pode dar mais" e não de desconfiança: "Eu sei que você tem uma carta na manga e eu sempre vou querer pedir mais do que o que você tem para me dar".

As metas deixam de ser uma obrigação e passam a ser um mecanismo de coordenação e alinhamento. As más notícias ou os conflitos deixam de ser ruins e endereçados a alguém ou alguma outra área e passam a ser vistos como fundamentais para que se possa compor o "quebra-cabeça" da realidade em constante mudança. O olhar para dentro, para cumprir com o esperado, deixa de ser o foco, e as pessoas são estimuladas a olhar para toda a realidade, em 360°, em especial para as novas possibilidades e desafios que se revelam.

A hierarquia deixa de ser um peso dado a quem olha a realidade, como se a realidade do superior tivesse mais valor do que a sua. Aqui reconhecemos que todos têm perspectivas e elas têm peso/valor. Todos olham igualmente e dialogam sobre o que olham, assim como honramos que a cada um é dada uma responsabilidade diferente, e respeitamos sim esse tipo de hierarquia. Os diálogos deixam de ser disputas por opiniões e egos, e passam a ocorrer aberta e francamente, convidando as pessoas a exporem tudo o que pensam e sentem, permitindo maior acesso as realidades e aos possíveis freios/resistências.

O desempenho deixa de ser um mero exercício numérico e fixo em uma meta previamente definida. Abre-se os olhos para a real contribuição de cada indivíduo, procurando assegurar que os mecanismos de coordenação (metas) estejam sempre sinalizando o que é possível e desafiador, e respeitando que poderá haver contribuições significativas não mensuráveis, dignas de reconhecimento, respeitando a lei do dar e receber.

A inovação deixa de ser algo exclusivamente *top down* e instauram-se mecanismos para que ela possa fluir em todas as direções de forma criativa, efetiva e com real intenção de gerar maior valor futuro à sociedade e à organização.

Por fim, o contrato relacional deixa de ser "missão dada é missão cumprida" e passa a ser "o melhor de cada um para o melhor de todos".

Como acessar o querer sem acolher o sentir?

15

> "Nós cultivamos o Amor quando permitimos que nosso eu mais vulnerável e poderoso seja totalmente visto e conhecido, e quando honramos a conexão espiritual que cresce dessa oferenda com confiança, respeito, bondade e afeto. Vulnerabilidade não é ganhar ou perder. É ter coragem de se expor mesmo sem poder controlar o resultado"
>
> *BRENÉ BROWN*

Lidar com cultura é transformar sentimento falso em sentimento de fluidez e verdade, mas sentimento é uma linguagem proibida nas organizações. Nega-se qualquer sentir, e, portanto, nega-se a possibilidade de revelar as incoerências, as travas organizacionais. O sentimento é o mecanismo que o corpo tem para revelar que há uma dissonância entre aquilo que quero pensar ser certo, com aquilo que verdadeiramente acredito ser certo, portanto, é o que eu quero mais profundamente. A consequência de quando agimos sob o influxo do medo ou da ansiedade, nossos atos tendem a retomar um padrão habitual: os comportamentos mais instintivos predominam, entramos no padrão "lutar ou fugir".[1] O que podemos esperar de resposta do outro quando operamos deste lugar? Que ambiente, que cultura estimulamos?

A fluidez que se experimenta em uma cultura verdadeira vem daí, as ações são condizentes, coerentes, verdadeiras, fluidas. Percebe que não se trata de *walk the talk* (expressão em inglês que, numa tradução livre, significa "cumprir aquilo que fala"), como ainda se enciste em muitas linhas que atuam em cultura, trata-se de *live the truth* (expressão em inglês que em tradução livre significa "viver a sua verdade"). Sente a sutil e brutal diferença? Fazer o que se fala é um convite a uma atuação mecânica e falsa, e, portanto, o ambiente ainda terá limitações e forças freando o seu potencial. Nossa sociedade está muito presa na mente, acha que as

---

[1] SENGE, Peter; SCHARMER, C. Otto; JAWORSKI, Joseph; SUE FLOWERS, Betty. *Presença – Propósito Humano e o Campo do Futuro*. Editora Cultrix - São Paulo, 2004.

pessoas acreditam apenas no que é dito e feito, mas na verdade as pessoas sentem quando há uma autenticidade no movimento. Cultura é sobre autenticidade, é sobre expressar a verdade. Por isso não há cultura certa ou errada, há cultura autêntica ou hipócrita. E autenticidade não é fazer o que disse que se faria, é viver aquela verdade. Eu consigo ver e medir alguém fazendo o que disse que faria, esses indicadores estão no campo mais mensurável pela nossa sociedade atual, mas se você observar de forma atenta, é possível sentir quando um movimento foi autêntico, ou quando ele foi mecânico.

Vivemos com essa mesma dilemática no âmbito pessoal nos relacionamentos entre casais. Estipulamos indicadores do que é amor: andar de mãos dadas, beijar, acariciar, ficar junto, transar etc., ao mesmo tempo em que tudo isso pode existir e não haver autenticidade, verdade na relação. Nossa sociedade está presa àquilo que vê, e nega aquilo que não vê. Estamos presos na mente, no corpo, nas palavras, na idealização do que é certo e errado. Ao mesmo tempo em que vivemos em uma ignoramos o sentir, o que não se mede. Resultado? Pergunte à indústria farmacêutica quais classes de medicamentos mais devem trazer retorno a eles no futuro? Seguramente serão medicamentos antiestresse, contra o pânico e a depressão, os chamados males da atualidade. De onde vêm esses males? Algum vírus novo? Algum parasita novo? Alguma mudança genética geracional? Percebe?

A esta altura já podemos observar que falar de cultura implica falar de sentimentos. Os sentimentos são a voz da incoerência. Perceba em você, experimente fazer algo que até entenda trazer algum benefício para alguém, mas que não ache ser certo. Percebe o acelerador (mente) e o freio (querer/modelo mental)? Quem sinaliza essa incoerência? O nosso corpo reage toda vez que isso ocorre, pode notar, o sentir é infalível.

Na cultura organizacional atual é proibido falar de sentimentos. Quando observamos a fundo as máximas que sustentam as culturas organizacionais, notamos de forma clara que eles são quase que sempre parciais ou, verdades não integrais. O que quero apontar com isso? Quero apontar para o que já vimos juntos, que dado o estado de dualidade da nossa sociedade, estamos presos no padrão do "certo e errado", e o resultado disso é que construímos uma cultura de extremos. Vejo no lobo que ele mata cervos, e então classifico o lobo como mau, como errado, e os cervos como bons, com isso excluo os lobos do sistema, e acabo com todo o sistema, com todo o ecossistema. Vê?

Todo o aprisionamento vem da mente dual, que faz escolhas entre certo e errado e julga. Assim, nossa sociedade está presa na mente, está presa nas análises, está presa no certo e errado.

Pare para refletir. O que é a nossa mente, se não um repositório de tudo o que vivemos no passado? Ela é como o HD de um computador. O máximo que ela pode produzir de resultado é uma replicação do passado ou uma nova combinação do que passou. E nossa mente tende a querer se fechar para o novo a cada dia mais, pois ela define verdades (modelos mentais) já vividas e nas quais pareceu encontrar uma resposta, e não percebe que a vida é viva, que está em constante movimento e que o outro tem verdades diferentes.

Assim ela se fecha para suas próprias verdades e cristaliza ao passar a conviver com pessoas que também acreditam nas mesmas verdades. Isso é cultura, um grupo de pessoas que compartilham as mesmas verdades. Como é muito desconfortante sair para experimentar novas concepções, as culturas, ensimesmadas, não percebem que há tantas outras conceitos disponíveis. As pessoas se identificam suas crenças: eu sou católico, eu sou judeu, eu sou brasileiro, eu sou francês, eu sou capitalista, eu sou socialista, eu sou engenheiro, eu sou psicólogo, eu sou executivo, eu sou empreendedor, eu sou, eu sou, eu sou...Se você se permitir investigar a fundo, verá que tudo isso é uma grande ilusão. Verá que somos diferentes, e que esta é a grande beleza da existência, alguém tem talento para compor, alguém para cantar, alguém para tocar, alguém para organizar um show. Alguém tem talento para plantar, alguém para colher, alguém para distribuir, alguém para vender. Olhe para seu lado, veja a maravilha da existência. Somos uma pequena parte do todo, uma pequena parte deste caos, uma pequena parte desta ordem.

Evoluir culturalmente significa abrir-se para a realidade, sem identificação às verdades que sustentaram o passado. Significa viver na presença do agora, e respondendo a ela de forma amorosa. Significa fazer uso do que o passado permitiu desenvolver, mas sem se apegar a ele. O passado não existe mais, e se você se apega a ele, vive em função de replicar experiências que já se foram, você não está vivo. Vê?!

Há uma outra maravilha que é revelada quando nos permitimos olhar para o padrão dual. Os extremos dessas dualidades estão sempre categorizados naquilo que podemos chamar de masculino e feminino. Em todo extremo das escolhas socioculturais que a mente quer fazer, há uma qualidade masculina e uma qualidade feminina. O dinheiro (masculino) a sociedade (feminino), o controle (masculino) a liberdade (feminino), o saber (masculino) o não saber (feminino), a franqueza (masculino) a empatia (feminino). Esta foi outra maravilha que passei a notar quando fomos observando estes padrões duais. É como dizer que, enquanto o indivíduo não acolher suas duas forças, masculina e feminina, dentro de si, que permitem um equilíbrio e, portanto, não há necessidade de se valorizar uma em detrimento da outra, viveremos em uma sociedade polarizada, viveremos em guerra, em competição, sempre com a sensação de que algo está faltando.

O Amor é a união dessas duas forças e, portanto, enquanto elas não forem igualmente acolhidas pelos indivíduos, construiremos culturas que representem esse desequilíbrio. Não à toa, hoje fala-se muito que vivemos em uma coletividade masculinizada. Isto é um fato, nossas noções sociais de certo e errado caminharam para olharmos as forças masculinas — planejar, mente, ciência, direção, desempenho, dinheiro — como as coisas certas, em detrimento das forças femininas — intuir, espiritualidade, sentido de propósito, dar o melhor de si, servir à sociedade.

Em última análise, este livro fala de construir uma cultura de amor. Um contexto capaz de acolher essas duas forças, que na verdade são uma. Uma cultura que não faz escolhas entre extremos e consegue ter sabedoria de conviver com ambos. Mas como vivemos em uma sociedade dual e polarizada, e fortemente identificada pelas escolhas masculinizadas que fez, fica mais suave e talvez menos "errado" dizer que estamos propondo a construção de uma cultura integral. Que possa integrar tais extremos de forças, e, assim, acolher o que nega e liberar o seu potencial, que é, na verdade, a potência do Amor, de realizar toda a foça que existe naquele organismo vivo, toda a força que existe naquele propósito de ajudar a sociedade a partir da sua oferta de valor. Oferecemos tanto e, ao mesmo tempo, hoje nas organizações as pessoas sofrem achando que estão fazendo pouco pelo outro, fazendo pouco pela sociedade. Vê?

Voltando à linha de raciocínio, a sociedade nega o sentimento, nega o feminino, e, com isso, lida apenas com uma parte, uma pequena parte, eu diria. Vivi recentemente uma experiência com um cliente em que existia um sentir latente, inibindo que aquela empresa pudesse olhar para o todo, e não apenas para a parte.

Tal companhia saia de um *turn around* importante, achava estar pronta para uma nova fase de crescimento. O esforço feito no passado foi hercúleo: "Vivemos dez anos em cinco", dizia um dos executivos que acompanhou a trajetória. Ainda que o esforço tenha sido enorme, a operação que fora reconstruída carecia de muitos ajustes críticos e, na opinião de alguns, tinha se tornado complexa e pesada, sendo assim, pouco competitiva. No entanto, o orgulho pelo que havia sido feito e a vontade de crescer, somadas a um certo receio de assumir um possível fracasso, fizeram a liderança negar a realidade. Com isso, uma ambição de crescimento pautada sob a premissa de que "o carro estaria pronto para correr" tivera origem, o que não era verdadeiro.

Quando iniciamos nossa consultoria, havia um clima de grande frustração na diretoria executiva, mas, ao mesmo tempo, poucos revelavam de forma aberta o que sentiam e viam. Tivemos um encontro em que os convidamos a expressar além do pensar, ou seja, além do que geralmente é falado nas reuniões regulares, nas quais costuma-se olhar apenas para os resultados, suas lacunas e explicações sobre ambos.

O time foi aos poucos se entregando à atmosfera de confiança e se abrindo, colocando para fora incômodos não falados, que, na prática, se transformaram em impedimentos, em "nãos" internos. Essas forças ocultas (pois não eram reveladas) faziam com que o grupo achasse que tudo estava bem, pois um admirava e respeitava o outro, mas era impossível negar a dificuldade de executarem o que haviam planejado. Isso gerava frustração nesses colaboradores e uma postura de desconfiança, expressa em frases como: "Todos temos *gaps* de execução. Devemos reconhecer e superar isso, pois estamos em uma situação que um não confia mais no outro". Infelizmente, esse é um fenômeno corriqueiro em grupos de trabalho, uma desconfiança que não é moral — no sentido de desconfiar da integridade do outro — mas uma desconfiança sobre a entrega de cada um entrega, sobre se o outro será capaz de cumprir com a entrega que se comprometeu.

Ao longo do diálogo, as pessoas foram se abrindo e revelando incômodos. Havia em especial um diretor cujo histórico de não entrega havia comprometido em maior grau o desempenho de toda a organização. Antes do nosso encontro, em uma conversa individual, ele nos trouxe esse incômodo de forma defensiva. Ao mesmo tempo em que ele reconhecia questões em sua área, rapidamente passava a apontar problemas nas demais. Assim como dizia, explicitamente, e sem que fosse perguntado, estar muito cansado, que sua qualidade de vida estava comprometida, que viajava muito etc. Havia com ele um grande conflito, de um lado, o reconhecimento sobre suas entregas estarem aquém do que a organização precisava, e, de outro, o reconhecimento de que para entregar no nível esperado, deveria se dedicar ainda mais. Entretanto, ele sentia que sua dedicação atual já estava acima do que considerava adequado.

O "engodo" estava feito. É mesmo uma situação bastante incômoda, é como estar entre a cruz e a espada. O que parecia sustentá-lo naquele lugar era o receio de "jogar a toalha", ou até de pedir ajuda, fosse pelo compromisso que havia assumido, fosse pelo receio de perder o emprego. Justo, não?!

Ao longo das conversas, alguns colegas explicitaram esse sentimento em relação a ele em frases como: "Eu sinto falta de ter você mais presente em nossas conversas". Em um momento, o presidente da empresa disse como via a situação e como acreditava haver um grande comprometimento oriundo da área que o diretor cuidava. Não me recordo qual foi o gatilho a disparar tal diálogo, mas o diretor, se vendo no centro da conversa disse: "Se eu não estou entregando, então é melhor que você me tire". Foi notável que esse movimento de vitimização inconsciente daquele diretor representou uma ótima saída, já que ele não conseguia sozinho encarar a escolha entre deixar a empresa ou prejudicar ainda mais a sua qualidade de vida. Nada melhor do que alguém tomar a decisão por ele.

Acontece que a resposta do presidente foi bastante precisa no sentido de colocar de volta o diretor no lugar de protagonista, ele disse: "Eu já fiz a minha escolha com todos vocês, eu confio na capacidade de todos vocês, senão, não estariam aqui. Portanto, fulano, essa escolha é apenas sua, é você quem precisa decidir se está disposto a encarar este desafio".

Aquilo bateu como uma faca no peito do diretor, que, provavelmente, não esperava tal resposta, pois voltou para ele a decisão que tanto temia e na frente de todos os seus colegas. O mecanismo analítico da mente de tomar conta, de não expor suas vontades e sentimentos, foi sequestrado, e o diretor pôde dar voz a sua vontade mais íntima. A resposta dele foi levantar-se e dizer "Então tudo bem, eu estou indo embora", como quem ainda queria infligir um sentimento de culpa no presidente, como o tivessem forçando àquela situação.

Foi interessante notar que mesmo nessa situação, o presidente sustentou a fala e disse: "Mas é isso mesmo, a decisão é apenas sua, a minha eu já tomei e confio que você tem condições de reverter essa situação, mas você precisa querer".

Ao mesmo tempo, todo o grupo se mobilizou e começou a pedir para ele ficar, o que foi bastante forte, pois, tanto o presidente quanto o time demonstraram que ele o diretor tinha o seu lugar, que todos o viam e confiavam nele. Isso fez com que ele se acalmasse e voltasse ao diálogo, podendo expressar mais verdadeiramente suas frustrações e sentimentos. Assim como pôde demonstrar que ele não era o único ali que estava em dívida – e de fato não era. Foi bonito ver como tudo ocorreu e como o deixar emergir o oculto gerou uma dinâmica de acolhimento.

Também curioso foi acompanhar o desenrolar das coisas após esse episódio. Ao mesmo tempo em que houve abertura ao sentir, o modelo mental do julgamento logo retornou ao campo. Houve uma reflexão do presidente sobre: "Como eu posso deixar um diretor perder a cabeça na frente de todos dessa maneira?". Contraditoriamente, fora ele mesmo a convidar a todos a se expor, e também se expôs, se viu em meio a um dilema, pois julgou aquele comportamento como inadequado e se sentiu impelido a dar algum alerta para o time.

Vê como é grande o aprisionamento que nossa sociedade vive? É desse lugar de julgamento que as organizações e toda a sociedade estão presas. É por esse medo de ser julgado que as pessoas guardam verdades e sentimentos.

Ao ficar sabendo desse incômodo que estava na cabeça do presidente, pude olhar de novo para a força do campo do "certo e errado". É a superar essas forças que tentamos ajudar as pessoas, times e organizações. Naquele momento ficou evidente, mais uma vez, que o nosso trabalho demanda atenção e cuidado constante, pois os indivíduos tendem a voltar muito rapidamente a padrões de pensamento sustentados por todo o sistema.

Tivemos uma conversa com o presidente, e reforçamos a importância do não julgamento. Dissemos a ele: você fez um convite ao expor o sentir, isto é, ao que irá tornar este time mais verdadeiro e ao que irá fortalecer os vínculos de confiança, que estão ocultamente sendo questionados e comprometem o desempenho do seu time. Como você acolhe todo este sentimento sem julgamento e sustenta esta verdade exposta, sem retaliação? Pois a retaliação é julgamento e gera um sentimento de traição. As pessoas confiaram que podiam se abrir, se abriram, e desta abertura perderam suas cabeças?

Percebe como um movimento de consciência e confiança pode rapidamente ser destruído? Percebe o ego (certo e errado) atuando, julgando e querendo mandar seus recados?

Lembro que o presidente me olhava com uma cara de desconfiado e na sua réplica disse coisas como: "Nós não somos um grupo de terapia, isto aqui é um negócio!". Nessa fala, eu percebia a prisão em que ele estava, e procurei acolher, dizendo: "Sim, é um negócio e todos eles também sabem disso. Mas, enquanto sustentar apenas a realidade de que o diretor tem uma lacuna na entrega e que precisa decidir se vai ou não resolver, é o coerente; puni-lo pela reação que teve é comprometer o vínculo de confiança a que vocês se propuseram abrir e não apenas com o diretor, mas como todo o conjunto. Um caminho sem volta".

Assim, acolher os medos e sentimentos apenas fortalece o grupo, ao mesmo tempo em que conectá-los à responsabilidade do sistema e mostrar ser necessário um nível de dedicação também amadurece os membros do time, suas escolhas e decisões.

Essa é uma ilustração evidente do tamanho do desafio que há nas relações atuais, sustentadas por modelos mentais polarizados de certo e errado, de julgamento e, consequentemente, de não confiança. Isso nos faz viver na superfície, falando e se comportando apenas dentro daquilo que nos é esperado, nos tornando mecânicos, nos encaixando ao que o sistema pede, morrendo aos poucos. Na prática, não à toa, as pessoas estão buscando como nunca seus propósitos, ou trabalharem em algum lugar onde elas se sintam contribuindo para algo mais. Elas também não percebem o lugar de vítima do qual operam, escolhem se adaptar, morrer, calar-se, ser o que acreditam precisam ser... Na essência, essa é a origem de todo o sofrimento da nossa sociedade. Tudo começa em você e na sua coragem de perceber-se livre. A liberdade é talvez a grande negação, o grande Lobo que sustenta toda a nossa sociedade atual. Negar a liberdade significa dizer sim ao certo e ao errado, significa julgar, significa adaptar-se e esperar que os demais também se adaptem, significar querer sustentar uma cultura com valores (certo e errado) bem definidos.

Por tudo isso que disse, talvez, este livro tenha pouca ressonância no contexto atual, pois a cultura do Amor, que tudo acolhe, é negada pela sociedade que opera no ou certo ou errado, que entende que é preciso dizer o que e o como as coisas devem ser feitas, e não confia no Amor como fonte para o movimento e escolha de todos, não confia na expressão da verdade e dos talentos de cada um, que se alinha a um todo maior para fazer o melhor de cada um para o melhor de todos.

As pessoas parecem hoje não ser capazes de observar o próprio corpo e seu funcionamento. Perceber quais seriam as consequências se os órgãos competissem um contra o outro para obtenção de sangue. Mas é nesse lugar de competição e separação em que a sociedade está. E os frutos que colhe são tão claros e evidentes. Mas continuamos adormecidos, cremos fazer o melhor possível. "Eu faço o meu melhor tentando extrair mais valor do que você, e você faz o seu, tentando extrair mais valor do que eu. Sentamo-nos para tomar uma cerveja, mas ocultamente, operamos um contra o outro. É assim, infelizmente, é assim. Basta olhar para todos os lados, não confiamos em nada nem em ninguém. Acreditamos na escassez, e, portanto, competimos e acumulamos. É a partir da consciência desse padrão que convido que quem quer se sinta chamado a ver e sustentar um novo olhar, a atuar na transformação, não das organizações, mas de si mesmo. Pois as organizações são meros reflexos do nosso nível atual de consciência. Desejo que este livro seja uma semente para as infinitas novas possibilidades de sociedade e organizações que possam surgir a partir da força do Amor.

O lugar de ajuda

16

"O decisivo nesse tipo de trabalho é que o terapeuta não é muito importante, pois o que age ou ocasiona algo não é o terapeuta. É uma realidade que se torna visível. Por isso este aqui é, também, um trabalho muito humilde. E é um trabalho e tipo de procedimento no qual não se necessita crer. Olha-se e vê, assim é."

BERT HELLINGER

Ao longo do tempo, fui observando algo que comprometia muito nossa possibilidade de ajuda, o que aqui chamo de "lugar da ajuda".

Nossa sociedade está condicionada a colocar quem ajuda ou como superior ou como inferior, nunca como igual. Pense na relação funcionário-patrão, quem ajuda quem? Quem é maior? Quem é menor? Agora pense na relação médico-paciente. Quem ajuda quem? Quem é maior? Quem é menor? Assim também funciona a relação de consultoria com as empresas, os profissionais oferecem ajuda a partir de uma espécie de "lugar maior": "Eu sei a reposta. Eu sei o caminho que levará à resposta", ambas posturas de superioridade.

Além disso, a ajuda a partir do lugar de superioridade é uma expectativa criada pelo próprio cliente na imensa maioria dos casos. Sob essa perspectiva, nos sentimos responsáveis pelo resultado do cliente, mais do que isso, o próprio cliente atribui ao consultor o resultado do trabalho.

Com a prática da consultoria, conclui o quão falso e limitante pode ser essa perspectiva. Ao mesmo tempo, o quão difícil pode ser sair deste lugar, seja para quem oferece ajuda, seja para quem recebe. Não é incomum dizermos ao cliente que até podemos ter uma ideia de como começarmos a jornada de transformação, mas não temos a menor ideia de como ela será. Isso em geral incomoda muito os clientes, que estão acostumados a um modelo com processos, etapas, metodologias e resultados no final. É o modelo mecânico: coloca o porco, sai salsicha. Esse é o condicionamento que vivemos e que limita, e muito, as possibilidades de assistência.

É como quem busca emagrecer com uma dieta passo a passo ou quem busca terapia ou coaching restrito a número determinado de sessões ou uma forma definida de trabalho em busca de resultado específico. O nosso modelo mental define como expert alguém que já tenha vivido uma experiência parecida no passado para auxiliar a resolver no presente. O que se ignora é que, foi por não saberem como fazer e por terem de deixar emergir as possibilidades e aprendizados, que as pessoas acabam tendo "sucesso" em solucionar problemas. É evidente que há aprendizado a ser aproveitado, mas a forma com que é utilizado é no desenho de um formato, processo, metodologia, em que se treina outras muitas pessoas para resolverem os mesmos temas em outros organismos.

Também é claro que há problemas de natureza mecânica e problemas de natureza sistêmica e orgânica. Olhe para a nossa medicina. Lembre-se da última vez que você foi a um médico que de fato quis entender as suas questões versus identificar sintoma e medicar? Olhe para o que virou a profissão do médico. Uma conversa de não mais de 15 minutos, uma prescrição e fim. Não à toa, ainda que se tenha plano de saúde, as pessoas quando estão com problemas mais sérios, buscam médicos particulares. Mais do que isso, como especialista em constelação, vejo que as questões mais profundas dos indivíduos não são capazes de serem tratadas nem com médicos tradicionais, nem com psicólogos ou psiquiatras tradicionais. A cada dia mais, as pessoas têm buscado técnicas alternativas que qualquer conselho de medicina classificaria como "sem comprovação científica", se não, como crime. A mente tem medo de tudo que não pode medir.

Chegue hoje nos hospitais mais sofisticados do mundo e procure olhar o que está na tela do computador do médico que atende você. Um protocolo de perguntas que vai direcionando novas perguntas a partir dos sintomas e respostas do paciente, até chegar ao protocolo de tratamento. Ou seja, todo o trabalho mecânico do médico está em um sistema, basta ele repetir o que está predefinido. E como você se sente, sentado à frente de um médico destes? Qual é o verdadeiro lugar de ajuda possível? Já existem aplicativos que permitem ao paciente percorrer sozinho esses protocolos até chegar ao diagnóstico e tratamento. É óbvio que todo conhecimento mecânico pode ser automatizado e replicado. Foi com base nisso que as organizações puderam crescer. Assim também funciona com as consultorias.

Também não é incomum chegarmos a clientes que nos revelam se sentirem "dentro de uma caixinha" quando conversam com consultorias muito grandes e estruturadas. Há um espaço evidente para atuarmos em um lugar onde esta ajuda não está ocorrendo. A obsessão pela ciência tem tornado as organizações a cada dia mais mecânicas, mais frias. Veja como são feitos trabalhos de cultura organizacional hoje em dia. Em geral aplica-se uma ferramenta de *assessment* para "mapear a cultura atual", bem como discutir "a cultura desejada". É isso mesmo? É como dizer a uma pessoa que ela tem alguns personagens para escolher ser na vida e depois martelar nela tudo aquilo o que ela precisa ser, o que precisa mudar para ser o que ela deseja, ou o que parece ser o melhor que trará mais resultados, ou qualquer razão que o valha. Percebe a mecanicidade? Percebe a falta de verdade, a falta de autenticidade? Percebe as organizações sendo falsas, sendo hipócritas, sem vida, sem verdade? Percebe as pessoas tendo que se encaixarem em algo que se esperam delas e as limitações que isso implica? É claro que isso traz benefícios em curto prazo, ocasionalmente, mas em longo prazo é uma organização morta, sem vida, sem capacidade de responder ao mundo como ele é. Vê?

E deste lugar que atuam os consultores, do lugar do "de" "para". Da perspectiva mecânica, do lugar do "eu sei a resposta", "eu sou responsável pelo seu sucesso ou fracasso". Do lugar do maior.

Me lembro logo no começo da Bee, em um de nossos clientes, nos percebemos em um lugar bastante arrogante de ajuda, nossas conversas passavam por questionar a postura do presidente da organização. Era como se tivéssemos todas as respostas certas e que, portanto, aquela empresa poderia ser muito melhor e mais eficiente se aquele presidente seguisse o que parecia ser tão óbvio em nosso ponto de vista. Escolhemos aplicar a técnica da constelação interna naquele cliente e o que se revelou foi incrível. Em um primeiro momento foi até bastante dolorido, mas, depois, revelador e libertador. A constelação indicou que o cliente sentia medo da nossa presença, fugia de nós. Assim como apontou que nós estávamos nos sentindo superiores ao cliente. Nós nos sentíamos, inclusive, com vontade de tirar o presidente de lá, para que pudéssemos fazer por ele o que achávamos ser o certo. Percebe o emaranhamento? Percebe o lugar errado? Mas foi o que ocorreu.

Na prática, o cliente percebia e articulava uma vontade de trabalhar mais próximo de nós, mas aos poucos foi se afastando. Ou seja, mentalmente até havia uma declaração de intenção de ajuda, porém, alguma coisa mais profunda não estava no lugar.

Foi um grande aprendizado, um grande espelho para vermos o quanto estávamos impregnados com o modelo de ajuda em que um é superior e sabe as respostas, e o outro é inferior e precisa apenas segui-las. Assim fomos aprendendo e nos curando para que pudéssemos nos colocar em um lugar de ajuda de igual para igual. Um lugar em que servimos de espelho, refletindo a realidade do cliente para que ele possa, a partir desta visão, movimentar-se. Somente desse modo, o resultado não pertence a nós, consultores, mas é dele. As escolhas não são nossas, é da empresa. O movimento, a intensidade, o momento, a forma etc. não são nossos, é deles. A nós, cabe nos colocar em posição de igual, de ser espelho, de onde possamos com amor convidá-los a olhar para a realidade e, a partir dela, ampliar a consciência e realizar escolhas.

Olhando para trás, hoje vemos que os clientes nos quais houve esse acolhimento, da ajuda em uma posição de igualdade, foram justamente aqueles que mais movimentos fizeram. Entretanto, os movimentos não foram planejados, não foram desenhados em um processo de começo, meio e fim, foram se desenrolando de forma orgânica e verdadeira. Os projetos ocorreram na medida em que os espaços foram se abrindo. Não vendemos um projeto de transformação cultural com dois anos de duração e etapas pré-definidas. Apenas nos colocamos a serviço do cliente nas demandas que trazia e seguimos, olhando juntos para as possibilidades, para os espaços que se abriam.

É indescritível o que ocorre a partir desse lugar, tanto conosco, quanto com o cliente, pois nós também nos transformamos ao confiar no não saber, criando um campo de possibilidades que jamais poderíamos planejar no momento zero. E foi desse lugar que pudemos observar tantas coisas que possibilitaram a Bee a encontrar novos lugares de ajuda nunca navegados, quanto a clientes realizar movimentos que jamais imaginavam existir ou ser possíveis.

Não se trata de um exagero, ou de uma promoção do nosso trabalho, embora possa soar assim. Se trata de um maravilhamento. É incrível como hoje nos sentimos ajudando verdadeiramente organizações como nunca antes. É indescritível ouvir dos nossos clientes depoimentos verdadeiros das mudanças que estão ocorrendo. Mais do que depoimentos, sentimos que há movimentos reais e profundos, que as pessoas estão fazendo seus movimentos não porque se sentem obrigadas, mas porque veem esse novo lugar, veem uma nova forma de relação delas com a empresa, de uma posição protagonista, autênticas, e com isso se sentem mobilizadas a entregarem o que têm de melhor e como consequência, toda a organização libera o potencial que estava oculto. É emocionante e indescritível o que é possível movimentar a partir do lugar de não saber o que movimentar. Entende?

Mas estar nesse lugar demanda um movimento importante para quem quer ajudar. Pois todo o sistema irá querer colocar esse indivíduo em outro lugar. O cliente espera que o consultor esteja no patamar de superioridade, ainda que ele se incomode com isso, mas é o que está acostumado. Ou, às vezes, quer que você esteja no lugar de inferioridade, pois quer apenas usá-lo para conseguir o que precisa. Ambos os lugares em que a ajuda tem pouco potencial de ser maximizado. Mas isso não começa com o cliente, nem com uma abordagem e uma metodologia. Não adianta colocar no slide de apresentação "Nós tratamos o cliente como iguais", pois isso é um falso. O movimento começa dentro de você e é em você que ele se sustenta. Em que medida você é capaz de tirar de você a responsabilidade, a cruz, o estereótipo do "salvador"? Sim, é dolorido ao ego abrir mão desse papel, é bem dolorido especialmente para quem já tem esse papel cristalizado.

Trata-se de um esforço necessário de cura interna. Me lembro que na Casa do Todos, eu sentia que ali muitos terapeutas carregavam fortemente esse arquétipo, colocando-se como carregadores da cruz do sofrimento das pessoas que estão abandonadas pela sociedade. É um lugar aparentemente bastante bonito de ficar, como salvador destes abandonados. Ao mesmo tempo em que é bastante dolorido reconhecer as limitações desse lugar, desse lugar que cria dependência, para si e para o outro, pois a nutrição desse sistema se dá por alguém estar precisar de ajuda, e alguém precisando ajudar. Há dois papéis que coexistem, mas que, na verdade, estão apenas alimentando seus próprios sofrimentos. Um alimenta o sofrimento de quem se sente excluído e precisa de ajuda, e o outro alimenta o sofrimento de quem precisa salvar outrem para se sentir pertencendo. Assim, cria-se uma doença em si. Ambos presos a seus sofrimentos e dependências. Vê? Assim ninguém libera ninguém. E ainda que supostamente libere, pois é possível mudar de cliente, não libera, pois está sempre em busca de outro para ajudar. Percebe a dependência sistêmica?

Em uma das minhas visitas à Casa, senti essa força, olhei para ela em um dos meus momentos de silêncio e escrevi o que vi. Foi algo que também reverberava em mim, que estava presente como um papel a ser cumprido. Este foi um movimento importante que ocorreu.

Deixe esta cruz

Que lugar é esse que você precisa estar

Que lugar é esse que ninguém pode chegar

Lugar de pertencimento

Lugar de existência

Quem precisa existir?

Quem precisa ocupar este lugar?

Veja, não há lugar nenhum a ser ocupado

Veja, não há nada que precise ser feito

Veja, não há ninguém que precise ser salvo

Veja, eu te acolho com todo meu amor

Assim, desse jeito

Sem salvador, sem salvado

Não há cruz a ser carregada
Você não carrega esta cruz
Deixe-a por aí
Isso, pode deixar
Percebe a liberdade?
Percebe o poder ser livre?
Você é livre
Não tem responsabilidade por nada
Permita-se entrar nesta verdade
Permita-se jogar-se no fluxo da liberdade
Onde há amor e compaixão
Mas não há responsabilidade, nem culpa
Olhe para "mim"
Sinta que sou você
Entregue-se ao fluxo
Liberte-se
Não há peso algum
Cruz alguma
Apenas o fluxo
Livre, leve, intenso e sutil
Este mesmo Amor
É livre, livre, livrinho...

Experimente colocar-se como igual

Colocar-se como igual é um exercício de cura que pode precisar ser bastante reforçado, até que a ilusão de que eu (maior) preciso salvar quem está morrendo (menor) perca força ou desapareça por completo. Acontece que toda a sociedade reforça o papel de salvador e espera que você o cumpra. Além disso, o seu ego também se acostumou à imagem linda de salvador e irá lutar com muita força para mantê-lo.

Colocar-se no lugar de ajuda sem querer ser o protagonista dessa assistência, implica reconhecer que a ajuda passa por nós, mas não somos nós que verdadeiramente ajudamos. Somos instrumentos, temos um papel, mas ele não é o todo.

Além disso, quando nos colocamos como protagonistas da ajuda, alguém precisa deixar de ser esse agente. Assim, o cliente se coloca como vítima e a nós como o algoz. Esse modelo mental é tão verdadeiro que muitas consultorias, em especial as internacionais de gestão — que possuem o modelo expert "eu sei a resposta, você não, e você me paga muito para que eu diga o que deve fazer" — são contratadas para que o executivo ou conselho em questão tire a sua responsabilidade da mesa. Quem vive no universo consultivo sabe que muitas vezes essas consultorias são contratadas para que se possa ter a segurança: "Se não der certo, a culpa é da consultoria". É uma triste verdade. E de fato é como vítima que se sentem as pessoas em um processo de ajuda ou de mudança com esse formato.

Experimente colocar-se independentemente do pedido do pedido de ajuda original

Recordo de um cliente em que fomos prestar serviço logo após a passagem de uma dessas grandes consultorias de gestão, que esteve por lá desenvolvendo uma reestruturação organizacional. O presidente nos chamou com o objetivo de reunir seu time para um próximo passo que ele considerava importante, ele dizia: "Agora que nos reestruturamos, temos que olhar para frente e criar uma visão comum para o grupo". Doce ilusão. Ao conversarmos com a sua equipe direta, havia um grande incômodo generalizado quanto à nova reestruturação. Ninguém se sentiu ouvido e todos tinham questões importantes sobre o tema. Ou seja, qual seria a chance da nova estrutura funcionar nessas condições? Ou ainda, com qual predisposição aquele time estaria para discutir uma nova visão comum?

Esse exemplo também fala sobre o nosso lugar de ajuda. É muito comum que os clientes nos tragam uma demanda relativamente pronta, e esperam uma proposta dentro desta demanda. E é também bastante comum que a expectativa dele é de não a questionar muito. Assim como é muito comum que as consultorias foquem exclusivamente em "entregar o que foi pedido". Recentemente vivemos isso em outro projeto. Havia uma necessidade muito parecida de desenvolvimento do time de liderança. Enviamos uma proposta na qual consideramos uma conversa individual com cada membro da equipe para que o desenho da intervenção fosse feito com base em uma realidade mais concreta e real. Por questões também financeiras, o escopo foi reduzido, e o cliente nos disse que não precisávamos conversar com os membros do time, pois ele já tinha uma boa visão de tudo o que estava acontecendo. Doce engano. Recusamos a oferta e conversamos com todos os membros do grupo, mesmo sem sermos remunerados para isso. Resultado, havia algo oculto, extremamente crítico para aquela organização que, a partir das conversas, pudemos trazer à mesa e propor um olhar em conjunto, o que viabilizou um movimento de mudança bastante importante para aquela empresa.

Experimente colocar-se fora da ordem, no caos

Outra característica importante para quem quer ajudar uma organização é reconhecer que em praticamente todos os pedidos de ajuda, existe um paradigma de que a organização quer que você atue dentro das suas verdades preestabelecidas. Ou seja, não raro o pedido de ajuda é para tornar o padrão já estabelecido melhor ou mais eficiente. Claro que há como ajudar mesmo dessa posição, e há uma infinidade de possibilidades para isso. É, aliás, muito mais fácil atuar a partir desse ponto, entretanto, é mais frustrante, especialmente se falamos de transformações mais sistêmica e transformacional.

O padrão, ou as verdades, de uma organização é uma força sistêmica enorme, e nem sempre é óbvio perceber a si dentro dele, pois, em geral, todos estamos presos a modelos mentais limitantes que nos impedem de observar as limitações dessas crenças. É como já dito, o peixe não entende o que é a água. Por isso, muitas vezes não nos damos conta de que estamos nos colocando dentro daquele padrão tentando apenas ajudar a torná-lo mais eficiente. Isso é bastante limitador para quem quer verdadeiramente ajudar. É como perceber que um paciente está viciado em drogas e oferecer ajuda apenas com a proposta de consumir menos, ou comprar mais barato, ou consumir em espaços menos frequentados etc. É claro que o cliente pode escolher ficar preso naquele padrão, mas quem ajuda, precisa estar fora para poder perceber as limitações do sistema e oferecer uma reflexão ao cliente.

É difícil dizer qual desses critérios é o grande diferenciador, quando se fala do lugar de ajuda. Mas posso dizer que tem um valor enorme. É desse lugar, de fora do padrão, que podemos ajudar a quebrar as limitações, pois são justamente verdades que pareceram certas em algum momento do passado, e que criaram a cultura e o não questionamento, responsáveis por limitar o potencial de uma organização.

Em uma conversa com determinado cliente, para o qual prestamos serviço por um longo tempo, discutíamos sobre o próximo movimento daquela companhia. Olhávamos para uma organização que havia passado por dois momentos culturais muito distintos. A primeira, uma fase em que a organização estava sendo construída, período em que havia uma ambição de se criar algo muito grandioso e em que os recursos financeiros beiravam o ilimitado. Nesta fase, "cumprir com o planejamento e executar dentro dos prazos com a melhor qualidade possível" era o grande contrato relacional.

Virada a chave, pós construção, deu-se um novo contrato em vigor: "Operar dentro dos padrões preestabelecidos". Mais do que um mantra, esse era um compromisso com os principais *stakeholders*. Operar fora do padrão naquele contexto significava, inclusive, multas contratuais pesadíssimas para aquela organização. Sete anos haviam se passado e aquele time sofria constantes frustrações, pois nunca conseguiram entregar dentro do padrão. Com isso, hipóteses diversas sobre o não atingimento eram levantadas e também no que se referia à cultura que sustentava aquela "não entrega", entre elas: falta de experiência em operar, alta tolerância a baixa performance, falta de capacitação adequada, falta de planejamento.

Duas dessas características nos chamaram a atenção::

1. "Cultura de apagar incêndio", e
2. "Justificativa de que tudo é imprevisível".

Nos aprofundamos sobre essas questões e percebemos eram assim descritas pois carregavam uma verdade cristalizada: "Esta operação é altamente previsível". Tal verdade era tangível pelo contrato que havia sido feito desde o início do funcionamento daquela operação, em que a margem de erro tolerada era de 0,5%. Ou seja, o desenho feito no papel assumia que a operação era tão controlável que seria razoável um contrato com tamanha precisão de acerto de 99,5%. Aquela cultura negava o imprevisível, mais do que isso, considerava incompetentes todos aqueles que observavam haver muitas coisas incontroláveis naquele sistema. E de fato, se você observasse aquela operação, perceberia que estava sujeita a muitos fatores incontroláveis, de clima e meio ambiente, a fatores sociais e humanos. Ocorre que nós estávamos sendo caindo nessa mesma falsa verdade, nessa mesma ordem, pois o pedido de ajuda e todos os sintomas do problema partiam da frágil crença verdade de que "aquela operação era altamente controlável". Percebe o risco de se operar dentro da ordem do cliente?

Foi um grande "a-há" entre nós da equipe de consultoria, quando enxergamos isso e, de fora, questionamos: em que medida a imprevisibilidade não está sendo negada neste sistema? Ou seja, o Lobo daquele contexto era justamente a imprevisibilidade. Sem se colocar de fora, dificilmente conseguimos ver o Lobo.

Mas não basta termos essa consciência, nossos clientes também precisam entender que atuamos de fora. Do contrário, nossas provocações podem parecer anarquistas ou apenas revolucionárias. E podem parecer mesmo. Me lembro de uma conversa com meu pai, na qual eu contava sobre as provocações que estávamos fazendo em um cliente e do que ele disse: "Mas o cliente não te manda embora achando que você está polemizando tudo?".

Experimente colocar-se no lugar do cliente, com compaixão, não apenas empatia

Sim, há muitos clientes que se sentem incomodados com algumas das provocações que fazemos. Mas é preciso ficar claro que não as fazemos como quem aponta o dedo ou diz que algo está errado, em tom acusatório. Essa é uma grande desconstrução necessária a quem quer ajudar em transformações. Ninguém escolhe fazer algo por achar que será pior fazer daquela forma. A todo momento, estamos dando o nosso melhor. Sim, pode haver arrependimento de olhar para traz e perceber alguns danos causados por uma determinada escolha que, naquele momento, parecia tão boa. Não se trata de culpa, mas de eventual arrependimento para que se possa seguir.

Entretanto, muitas vezes há verdades tão cristalizadas, e pessoas tão identificadas a elas, que o movimento de reconhecer as limitações e a necessidade de mudança é doloroso. E quando estamos diante da dor, a nossa reação é fugir, negar, agredir, argumentar etc. Especialmente se apontamos para a eventual limitação como um erro, muitas pessoas irão se fechar, sem se permitirem mergulhar e verem por si mesmas o tamanho do equívoco ou da limitação daquela alternativa.

Eu acredito que esse tenha sido o meu desenvolvimento mais desafiador até aqui. Sempre tive facilidade em perceber as coisas por fora do sistema, e sempre tive facilidade em questionar e desafiar o *status quo*. Entretanto, levou muito tempo para eu poder reconhecer que o movimento de mudança ocorre de dentro para fora. Eu costumava me munir de argumentos, de estudos, de casos, de bibliografias etc., para provar que estava certo. Que grande equívoco e que grande limitação. Levou muito tempo para que eu pudesse perceber que ao fazer isso, eu mais afastava as pessoas do convite para o novo, do que aproximava. Isso me custou muitas relações, muitas mais do que eu gostaria. Me lembro de muitos feedbacks que recebi ao longo da minha vida nesse sentido, até da minha mãe, especialmente quando trabalhamos juntos no laboratório fundado pelo meu pai, irmão e um sócio. Ela me dizia: "Filho, coloque mais amor no que você fala para as pessoas, não é sobre o conteúdo, mas sobre a forma".

Igualmente, me lembro de um grande amigo, que presenciou meu primeiro movimento de trabalho fora de baixo da asa do meu pai, na Novartis, Helio Gianotti, que me disse um dia: "Cara, você precisa deixar uma saída honrosa para as pessoas!". Ali ele também não me questionava quanto a minha capacidade de ver o novo e apontar para mudanças, mas para a forma com que eu fazia isso.

Foram muitos anos convivendo com esses feedbacks, promovendo melhorias graduais, até o momento em que eu, por fim, encarei o Marcos arrogante frente a frente. Foi um exercício longo e muito dolorido, fruto de um momento de silêncio. Ali pude ver o quanto me colocava como superior apenas por achar que o que eu via era mais importante do que o como eu transmitia o que eu via. Mais do que isso, o quanto, ao colocar o que eu via, simplesmente anulava a verdade do outro, e, portanto, excluía o outro, estava surdo ao que ele dizia e cego para acolher o que ele trazia. Foi dolorido perceber e reviver momentos em que fiz isso e o mal que causei a algumas pessoas. Pedi desculpas a muitas delas, a força do arrependimento nos faz ter esse movimento.

Assim, sinto que hoje vivo a verdade de me colocar no lugar do outro de uma perspectiva muito mais verdadeira e cuidadosa. Sinto que, com isso, as pessoas acabam se aproximando e se sentindo mais encorajadas a olhar para onde propomos e consigo também estar mais aberto para que a ação seja mútua, dois olhando juntos e aprendendo juntos. Sem criar a expectativa de que alguém chegue a algum lugar.

A força do diálogo

17

"O diálogo na verdade é quando duas ou mais pessoas se permitem suspender suas verdades na presença do outro"

DAVID BOHM

Outro padrão bastante impregnado em nossa sociedade diz respeito a baixa qualidade das trocas que temos uns com os outros. Vejo que dado o senso de separação e, portanto, de competição e escassez, estamos a todo momento operando em um estado de não confiança interno. É uma triste, mas verdadeira constatação. Talvez a forma mais evidente disso esteja, ainda, nas relações comerciais. Há sempre uma sensação de se estar sendo passado para trás, sendo injustiçado. E o esforço que toda a sociedade vive se mantendo nessa dinâmica é inacreditável.

Estava em uma reunião de condomínio em que o conselho mostrava que praticamente 80% do orçamento era dedicado à segurança. O grupo apresentava um plano diretor apontando diversas melhorias, novas tecnologias etc. Todos saíram de lá felizes e orgulhosos, e eu saí com a pergunta: "Será que nos damos conta deste absurdo, desta miséria?". Já é senso comum a ideia de que precisamos ter muros e grades para nos proteger. Carro blindado virou status social, as empresas oferecem este benefício aos executivos mais seniores. Câmeras de segurança em casa virou um eletrodoméstico básico.

Pergunte para um executivo de uma empresa de planos de saúde, em que ele dedica 80% do seu tempo? A resposta: desenhando estratégias para evitar fraudes dos corretores e de todo o sistema. Estamos embebidos em uma cultura de não confiança e corrupção. O ego quer a todo momento tirar vantagem. Não se trata de um país ou outro, o ego é o grande corruptor da nossa sociedade. Enquanto ele estiver no comando, vai querer tirar vantagem, é da natureza dele, ele contabiliza a troca a todo momento, compara, compete, quer sempre mais, cria a ambição e, quando a conquista, já tem outra em mente, ele não deixa você descansar nunca.

Por conta da ideia de separação e, portanto, de competição, nossas trocas estão sempre sob suspeita. O efeito disso nas organizações é tremendamente nocivo. A não confiança também faz com que as organizações criem metas para suas diferentes áreas e pessoas e criam modelos de incentivos para o atingimento de metas individuais. É como se o corpo humano definisse uma meta para o coração, por exemplo, de bater sempre a um ritmo predefinido, e qualquer variação do imposto devesse ser punida. Assim o coração passa a pensar sozinho, a operar sozinho, e, ainda que o corpo precise correr para fugir de um leão, ignora tal realidade e continua batendo no ritmo imposto para cumprir sua meta. O leão vence, mas o coração se sente orgulhoso e potencialmente ganha um bônus no final do ano. Vê?

A individualização egoica cria um grande descompasso nas organizações e em todos os mercados. Todos querendo garantir o melhor para si e pouco preocupados com as consequências ao todo. É sob essa perspectiva que esses indivíduos se sentam para falar dos problemas e oportunidades nas organizações. O que pode se esperar de resultado dessa conversa?

Na prática não há diálogos nas empresas, há sempre discussões, nas quais um quer convencer o outro que tem a melhor solução, que tem o problema que deve ser priorizado. E, assim, as organizações replicam esse modelo auto elogioso em que cada um olha apenas para si e ninguém está disposto a entender o contexto do todo e se movimentar, colocando o todo acima dos interesses de cada um.

Um diálogo genuíno e potente sob o ponto de vista sistêmico ocorre apenas e simplesmente quando há uma verdadeira renuncia a interesses próprios, para que se possa olhar e acessar o momento presente, a realidade, a fim de que se permita emergir o que há de oportunidade ou solução. Mais do que isso, se queremos acessar toda a verdade, temos que deixar de falar apenas aquilo que pensamos (mental): é fundamental que espaço seja criado para que cada pessoa possa elaborar o que se sente. Como já vimos, o sentir é a voz da incoerência do querer. O sentir se revela quando estamos em fluxo ou com algum desconforto, algum freio. Enquanto o sentir não é aberto, o verdadeiro querer não é revelado e, portanto, não se pode conhecer toda a verdade.

Aqui, cito o caso de uma empresa de seguros que desenvolvera um produto de altíssimo potencial de mercado. Fez seu lançamento para toda força de vendas e acompanhou com grande frustração os resultados dos primeiros três meses, pois as vendas não aconteceram na proporção esperada. Fizeram uma série de diagnósticos e entenderam que a força de vendas não estava preparada. Novos investimentos em capacitação e treinamento, reforço das mensagens-chave, muitos estudos para superar objeções foram conduzidos. A força de vendas volta a campo, e os três meses seguintes são de igual ou superior frustração, com resultados muito abaixo do esperado.

Até que houve um movimento de busca por entender mais profundamente o que ocorria, acessou-se o "sentir". E o que apareceu? Muitos vendedores revelaram haver grande desconforto em venderem o produto, pois havia uma cláusula no contrato a qual julgavam injusta para o cliente. Uma solução foi encontrada entre jurídico e vendas, a cláusula ajustada, e o que você imagina que aconteceu com o resultado de vendas? Sim, cresceu significativamente. Vê?

Ou seja, não há como falar de cultura, sem acessar o sentir, ocorre que o sentir é negado nas organizações, como já vimos. Além disso, como a cultura lida com verdades cristalizadas, não há de ser em uma reunião tradicional de resultados ou de acompanhamento e de execução, que as pessoas hão de ter espaço e liberdade para dialogar sobre uma verdade que parece limitadora. Toda a conversa sobre cultura deve ser feita como um grande diálogo, no qual não há certo e errado, há escolhas e consequências. E na medida em que a realidade pode ser acessada em maior grau, melhor tende a ser a qualidade das escolhas diante de tal realidade.

Para falar de diálogo, há de se olhar de que qualidade estamos nos referindo. David Bohm, considerado um dos físicos mais importante do século 20, dedicou uma grande parte da sua carreira à física quântica e à filosofia. Ele fez trocas muito ricas com Jiddu Krishnamurti, tido socialmente como um líder espiritual, mas para quem bebe de sua água, um iluminado dedicado a revelar a verdade de forma clara e profunda. Além desse olhar que mistura ciência e espiritualidade, Bohm também a dedicou-se a questões sociais e fez grandes contribuições no que se refere ao tema de diálogos, tendo escrito um livro a respeito. Bohm escreveu: "Eu diria que em meus trabalhos científicos e filosóficos minha principal preocupação tem sido entender a natureza da realidade em geral e da consciência em particular como uma totalidade coerente, que não é jamais estática e completa, e sim um processo interminável de movimento e desdobramento". E é sobre isso a que o diálogo se propõe, uma troca de olhares, de pontos de vistas da realidade, que está sempre viva, sempre em movimento e que nunca é possível de se acessar plenamente. Assim, Bohm sugere que, diferentemente das conversas tradicionais, que simulam uma disputa de pingue-pongue, jogo em que há sempre um querendo fazer ponto sobre o outro, o diálogo é mais análogo ao frescobol, no qual não há oponentes e o objetivo é manter a bola no ar, criando sempre desafios para tornar a brincadeira mais divertida, mas mantendo a bola em suspenso.

A visão de diálogo de Bohm, e da qual eu compartilho, é a de que "num diálogo ninguém está tentando ganhar... Há um tipo diferente de espírito para ele. Num diálogo não há tentativa de ganhar pontos ou de fazer determinada visão específica prevalecer... é algo mais que uma participação comum, não estamos jogando um contra o outro, mas com o outro. Num diálogo, todos vencem". Perceba a qualidade implícita, não há perdedores, todos vencem.

Não há como trabalhar cultura sem se criar um ambiente de abertura, vulnerabilidade e, portanto, diálogo. Não há como falar de cultura sem falar de sentimentos, sem acolher percepções diferentes, sem acolher as muitas verdades que estão sendo percebidas pelos muitos olhos, mentes e corações presentes em um organismo vivo.

Dessa reflexão, eu e minha equipe construímos o que chamamos da escada do diálogo, instrumento que procura ajudar o caminhar individual e intransferível de todos nós para que cada um possa perceber e compartilhar a própria visão de realidade, sem restrições, medos ou melindres. A grande pergunta que sustenta essa escada é: "De que lugar eu dialogo?".

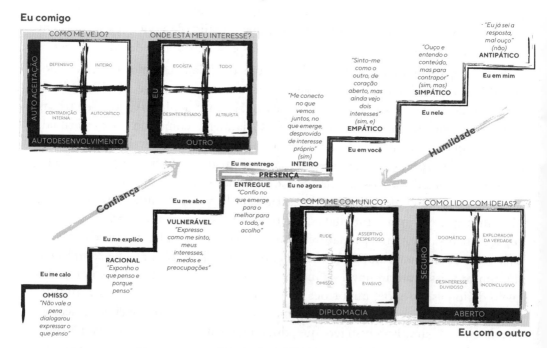

De que lugar dialogo?

Na prática, quanto mais longe do centro da escada eu dialogo, mais fechado estou e, portanto, meu convite ao outro é que ele também se feche. E o que ocorre com dois corpos fechados? Qual é a qualidade da troca? Quão vulneráveis estarão? Quanta verdade será compartilhada? Vê? Temos sempre uma tendência a querer sentir o outro para escolher o nosso lugar. Com essa proposta prevalece a consciência de que "se eu mudo, tudo muda". Ou seja, se eu for depender do outro para dialogar, para expressar minha verdade, minha autenticidade, estou literalmente preso. Sem saber, o outro controla você e determina as escolhas de seus atos. É a miséria.

Você consegue se colocar em um lugar de confiança, de escuta, de observação, sem se preocupar com o que precisa dizer, sem ter hipóteses sendo testadas em sua mente, sem se incomodar em não saber a resposta? Difícil, não? Afinal, em nossa sociedade há muitas definições para quem ocupa esse lugar de não saber. Pois é justamente nesse lugar em que está o convite para que você seja apenas um instrumento da ajuda.

> **Você terapeuta**
> **Você vai ter medo.**
> **Você vai experimentar confiança.**
> **Você vai se encantar.**
> **Você vai se decepcionar.**
> **Você vai se sentir importante e sem a menor relevância.**
> **Você vai querer melhorar o mundo e depois desistir do absurdo.**
> **Você vai tentar se preparar.**
> **Cada vez mais se capacitar.**
> **Você vai buscar sem parar...**
> **Até que você pare... E o Amor trabalhe.**
> (Victor Monteiro)

Vê?

Uma cultura em que a fonte é o Amor

18

"Foi-me mostrado que cada ser vivo na criação deveria estar radiante de saúde, sendo cuidado, nutrido, protegido, curado, mantido em paz e abundância, com prosperidade, em uma sociedade ordenada de seres oferecendo tão somente Amor uns aos outros"

CARTAS DE CRISTO, CARTA 1

O primeiro grande convite é de reconhecer que nós só temos controle sob nossas próprias escolhas, não podemos mudar o outro, apenas a nós mesmos. Por isso, quando percebo o valor do diálogo, o valor da verdade, de olhar para o todo, deixando meu interesse em um segundo plano, consigo fazer um movimento de abertura, consigo estar inteiro e, portanto, tendo a ser convidativo ao diálogo. A autenticidade e a verdade são fortes e compassivas, elas são qualidades do Amor, se é que podemos qualificar o Amor.

Um tempo atrás, conduzíamos um workshop com um cliente, parte de um programa que propunha dialogar sobre cultura organizacional da empresa. Ao final de um dos módulos, uma das participantes, uma profissional sênior e com muito tempo de casa, expressava o seu sentimento. Ela falava com um certo grau de espanto: "Eu não sei explicar o que acontece com os workshops de vocês, tem uma autenticidade que eu não me lembro de ter vivido em outras experiências". Ela trazia aquilo meio que buscando as palavras para dizer o que sentia. É claro que é gostoso ouvir um depoimento assim, pois é justamente a esse lugar de autenticidade e verdade ao qual procuramos conduzir as pessoas em nossos trabalhos. Ao mesmo tempo em que não há como negar que tal mérito não é nosso. É a própria autenticidade, o próprio Amor que toca as pessoas e cria um campo de possibilidades. Somos apenas instrumentos desse Amor.

Sabe aquela sensação de estar em casa, de poder falar o que pensa e o que sente sem se sentir julgado, sem se sentir como certo ou errado? Também associo esse sentimento ao que vivenciamos quando estamos entre amigos, conversando.

É exatamente isso! O sentimento de "estar entre amigos" não é mérito do amigo, é mérito do Amor. É o Amor que acolhe a tudo e a todos, que toca as pessoas e abre esse campo. É uma pena estarmos tão condicionados a não nos permitirmos expressar esse Amor, essa qualidade divina que está sempre disponível. Achamos que é proibido, que se expressamos a situação "vira bagunça", "vira amizade", se transforma em algo não profissional. É a nossa mente que nos fecha para isso. E é o Amor quem abre e cria a possibilidade de olharmos para o presente, para a realidade e dialogarmos sobre o que vemos, para o bem de todos. Vê?

Eu e minha equipe recebemos sempre clientes e parceiros para dialogar sobre temas de transformação, questões latentes, mas que não são verdadeiramente vistas. Em um desses diálogos, uma amiga querida, Carolina Steiner, hoje consultora independente, muito sensível às incoerências sociais que vivemos, trouxe: "Até quando sustentaremos viver sendo medidos por indicadores como o crescimento do PIB [Produto Interno Bruto]? Estamos consumindo muito mais do que a capacidade de reconstituição da natureza, será que não percebemos que crescimento não é o único caminho?". Ao final de sua fala, lembro de um silêncio bastante incômodo na sala. Dava para ouvir o pensamento das pessoas, algumas dizendo "puxa, é verdade!", outras dizendo: "Isso é um discurso muito alternativo, muito fora da realidade". A própria Carol não aguentou o silêncio e sentiu a força do campo que tende a negar essa realidade e disse: "Me desculpe gente se estou trazendo coisas que parecem não ter sentido". Hein? Percebe que quando alguém levanta um tema absolutamente verdadeiro, mas que é negado pela sociedade, parece que esse alguém está fazendo algo errado? Nota a força do sistema calando verdades proibidas? Essa é a força da cultura, ela exclui quem vê o que o contexto não quer ver. É mais fácil taxar o outro de louco ou alternativo — que é um apelido carinhoso para louco. Vê?

Veja quantas palavras, quantas páginas escritas, quantas voltas para poder dizer: confiem na força do Amor! É a partir dele que as possibilidades se revelam. Olhar para o que é maior do que cada parte no todo Nada mais é necessário do que deixar que o Amor se expresse e diga o que é melhor para o bem de todos.

Olhar para o outro e acolher a verdade dele e poder dialogar a partir de um coletivo de perspectivas, de verdades e não de uma verdade. É nada mais do que reconhecer que somos iguais e que temos qualidades distintas que contribuem com o todo. Vê o Amor aqui presente novamente?

É preciso olhar para as verdades cristalizadas que se mostraram limitantes, acolher a sombra que foi tida como demoníaca, como errada, e, portanto, desprezada, ou seja, é preciso olhar para o Lobo. Fazer isso é se propor a um ato de Amor, é poder acolher toda a verdade, não apenas uma parte. É acolher a realidade da mente dual e colocar-se em um lugar "maior", que consegue acolher as escolhas que emergem a partir de cada necessidade, de cada contexto.

Confiar que as pessoas darão o que têm de melhor, conectadas a um propósito maior, nutrindo-se e nutrindo o todo, é olhar para o coração que faz o papel de bombear o sangue, mas, acima de tudo, serve a algo maior, a vida do corpo. Como você chama esse estado de consciência, se não Amor?

Como olhar de maneira responsável para o mercado como um sistema vivo, se dele tiro mais, quero mais, compito e não colaboro? Se faço isso, portanto, estou contribuindo para tal miséria. Como esperar em troca não ter essa mesma resposta miserável de volta? Até quando? Essa escolha não é do outro, é apenas sua. Quando mudo, tudo muda. Seja a mudança que quer ver no mundo. Tudo começa e acaba dentro de você.

Desejo com todo o Amor que sou que este livro tenha sido um convite de autorreflexão, muito mais do que um manual para gerir uma cultura, afinal, quando entregues ao fluxo do Amor, reconhecemos que o Amor é acultural, e que dessa força todas as respostas mais adequadas para qualquer momento serão dadas, basta se entregar, basta confiar. Desejo que se entregue a esse fluxo maravilhoso e que deixe ser um instrumento dessa força, com todo meu Amor.

O Amor é perigoso –
O livro da Vida, Jiddu Krishnamurti

"Como o homem pode viver sem Amor? Nós apenas podemos existir, e existência sem Amor é controle, confusão, e dor — e isso é o que a maioria de nós está criando. Nós nos organizamos para existir e nós aceitamos que o conflito é inevitável porque nossa existência é uma interminável demanda por poder. Certamente, quando amamos, a organização tem o seu próprio lugar, o seu lugar certo; mas sem Amor, a organização se torna um pesadelo, algo apenas mecânico e eficiente, como um exército. Mas a sociedade moderna é baseada em mera eficiência, logo, nós temos que ter exércitos — e o propósito de um exército é de criar guerra. Mesmo no que é chamado de paz, quanto mais intelectualmente eficiente nós somos, mais cruéis, mais brutais, mais insensíveis nós nos tornamos. É por isso que existe confusão no mundo, por isso a burocracia é mais e mais poderosa, por isso mais e mais governos estão se tornando totalitários. Submetemo-nos a tudo isso como sendo inevitável, porque vivemos em nossas cabeças e não em nossos corações, e então o Amor não existe. Amor é o mais perigoso e incerto elemento na vida; e porque nós não queremos estar incertos, porque nós não queremos estar em perigo, nós vivemos na mente. Um homem que ama é perigoso, e nós não queremos viver perigosamente; nós queremos viver de maneira eficiente, nós queremos viver apenas dentro do padrão da organização porque nós pensamos que as organizações irão trazer ordem e paz para o mundo. As organizações nunca trouxeram ordem e paz. Afinal, só o Amor, a boa vontade e a piedade podem trazer ordem e paz".

(Tradução livre)

Índice

Índice

A

Absoluta interdependência, 4
Ações de controle, 79
Acordos relacionais, 152, 156
Agentes de transformação, 39
Agilidade, 30
Assessments individuais, 147
Autoconfiança, 40

B

Bert Hellinger, 39, 96, 99

C

Cadeia de Valor, 85
Casa do Todos, 141, 144, 173
Cascata trófica, 3
Case for change, 45
CEO, 28
CEO Think Tank, 59
Ciclos longos de inovação, 13
Colaboração, 25

Competências Organizacionais, 20–23
Compliance, 152
Confiança, 156
Conflito, 26
Conflitos, 156
Consciência, 5
   sistêmica, 6
Consciência cultural, 91
Consultoria, 169
   de gestão, 78
   de negócios, xix
Controle, 14
Crise na empresa, 9
Cultura corporativa coletiva, 116
Cultura organizacional, 13, 21, 38, 40, 46, 93, 99, 102, 155, 160, 187

D

David Bohm, 183
Decisões unilaterais, 6

E

Ecossistema, 4, 5, 10

Ego, 179, 181

Elementos de Contorno, 94

Escada do diálogo, 184

Estratégia, 87

Estrutura
   da Indústria, 16, 21
   Organizacional, 87

Evolução cultural, 26

F

Forças ocultas, 163

G

Gestão, 14

Governança, 88

I

Inovação, xviii, 15, 37, 101, 102

Interdependência, 25

J

Jack Welch, 112

L

Líder inspirador, 77

Linguagem antroposófica, 148

Live the truth, 159

Lobo, xxii, 7, 9, 15, 30, 34, 102, 127, 130, 144, 149, 150, 177

Lucro, 121

Lugar de ajuda, 169, 171

M

Marvin Bower, 78

McKinsey, 21, 78, 105

Mecanismos de Reforço, 47, 86, 113

Mergulho Cultural, 150, 151

Michael Porter, 71

Missão, 71, 85, 101

MIT - Massachusetts Institute of Technology, 75

Modelo
   de Coerência, 83
   de Coesão, 90, 93
   Operacional, 87

Modelos mentais, 7, 8, 29, 38, 86, 109, 112, 138, 148, 170
   , 29
   binários, 40
   das organizações, xxi, 49
   de atuação, 70
   de negócios, xxi
   limitantes, 150, 153
   não sistêmicos, 55

sistêmicos, 54
   abertos, 57
   ensimesmados, 55
Mudança de cultura organizacional, 38, 42

O

Olhar em "L", 95, 100
O não saber, 135, 136, 155, 172
On the job, 22
Organizações, xvii, xviii, 6, 16, 25, 63, 69, 77
Otto Scharmer, 39

P

Padrões
   duais, 161
   sistêmicos, 14
Parque de Yellowstone, 3, 5, 34, 147
Pensamento sistêmico, 7
Peter Senge, 39
Planejamento, 31
Processo de mudança, xvii
   organizacional, xvii
Processos, 169
Processo terapêutico, 9
Propósito, 63, 64, 69, 70, 81, 84, 143

R

Realidade de forma polarizada, 5
Rebecca Henderson, 16, 20
Relações sociais, 82
Rentabilidade, 26
Ricardo Semler, 75
Rudolf Steiner, 54

S

Sintomas sistêmicos da cultura, 25
Sistema, 84
   organizacional, 7
   vivo, xix, 8
Sistemas
   abertos, 60
   fechados, 60
Soluções
   inúteis, 5
   sistêmicas, 5
Sustentabilidade nos negócios, 16

T

Teoria
   das Constelações Sistêmicas, 99
Teoria U, 42. *Consulte* Peter Senge
Top down, 157
Transformação cultural, 13

U

Up or out, 22

V

Valor, 23

Valores Organizacionais, 101, 102

Vantagem Posicional, 18–19, 21, 102

Verdade Organizacional, 83

Visão, 85, 101

Visão colaborativa, 60

Visão sistêmica, 60

W

Walk the talk, 159

Y

YouTube, 3